小学館文庫

70歳のたしなみ

坂東眞理子

小学館

はじめに

イメージ・チェンジ、マインド・チェンジ

70代というのは新しいゴールデンエイジ——人生の黄金時代である。

最も人生で幸福なのはいつ頃か——と問われたら現代では70代ではなかろうか。人生100年時代が現実となり、まだ多くの人は健康である。運悪く病気やケガで介護を必要とする人もいるが、大多数の人は、自分で動き回ることはできるし、しっかり考え判断することができる。家族を支え、友人を助ける力もある。

しかも、30代、40代の頃のように仕事や子育てに追われることもなく、

50代、60代のように人生の新しいステージに対する焦りや不安も少なくなっている。何はともあれ今まで生きのびてきたのは健康や幸運に恵まれたからである。支えてくれた人に感謝し、一日一日の新しいチャレンジに心を躍らせる。自分の人生を少し高い視点から俯瞰《ふかん》し、総括する境地に立って、続く80代や90代に備える心の用意ができる時代である。**かつては60歳が還暦として現役を退く人生の節目とされたが、今は70歳が人生の節目であり、次のステージがはじまる出発点になるのではないか。**

その貴重な70代を、人生70年時代の先入観のまま晩年としてくすぶって生きるのはあまりにももったいない。そろそろ人生のイメージを変え、そして何よりも私たちの70代につきまとう後ろ向きのイメージを変えることが必要である。

70代に対するイメージを変え、マインドを変えれば、私たちはよりポジティブに毎日を暮らせ、楽しい人生を生きることができる。この本ではそれに役に立つ考え方のヒント、新しい見方を提示した。

そして「もう」「70歳だから」「今さら」何をしても遅すぎる、「どうせ」**成果は上がらないと自分をおとしめるのは金輪際やめよう。**失った若さや体力を数え上げるより、今持っている力を数えて感謝する、人に少しでも役に立つように行動する、それが私たち高齢者のたしなみである。

私は人生の後半期を晩年としてではなく、たしなみを持って希望とともに生きていくには何が必要か、考えてきた。私の考える70歳のたしなみをいくつかあげてみよう。

1. 機嫌よく過ごすよう努める。
2. 年齢を言い訳にしない。「今さら」「どうせ」「もう遅い」と言わないで、まだまだ成長の余地があると考える。
3. 今まで受けた恩を思い出し、感謝を忘れない。
4. できる時にできる範囲で人の世話をする。
5. 周囲の人、若い人の良いところを見つけて褒める。
6. キョウヨウとキョウイクは自分でつくる。
7. 人は人、自分の人生を否定しない。つらい経験があったから今がある。
8. 今こそおしゃれ。
9. 健康第一もほどほどに。
10. 孤独を楽しむ。

それぞれの理由を本文から汲みとっていただきたい。そのほかにも70代をすこやかに快く生きるための、私の考えるたしなみを縷々《るる》述べているので、すでに70代を生きている人たちと、これから70歳の黄金時代を迎える全ての人にお読みいただけたら幸いである。

70歳のたしなみ

坂東眞理子

目次

内館牧子さん×坂東眞理子さんスペシャル対談

装丁　鈴木千佳子

第1章

今こそ「いい加減」に生きる知恵を

70歳。意識して上機嫌に振る舞う

高齢者は日々を上機嫌で過ごすことが周囲に対するマナーであり礼儀でありたしなみである。私もそうだが、気分に任せていると、高齢者はどんどん不機嫌になっていく。体が思うように動かない、昔できたことがうまくできない、自分が使いこなせない機器が増える、知らない言葉が増える、写真の写りが悪くなる、若い人に無視された、などと不機嫌になるタネは山ほどある。

政治も行政も不祥事ばかり、児童虐待、祖父母殺しなどとひどい事件も続発する。プーチン政権は金正恩は中国共産党は……将来を考えれば不機嫌にならない方がおかしいが、不機嫌になってもよいことはない。

だからこそ、意識して不機嫌にならないよう、イラつかず機嫌よく過ごすよう努めよう。不機嫌な人は周囲にも「イヤ〜な気分」をまきちらす。不機嫌な高齢者は、自分の気持ちに正直に、「自分らしく」振る舞っているだけのつもりだろうが、周囲に害を与えていることを知らねばならない。「ありのまま」の自分の気分に溺れて不機嫌にしていても自分が幸せになるわけではない。**落ちこむ、滅入る、トゲトゲしくなる、イライラするなどの気分におちいったら、気をとり直し、意志の力で上機嫌に振る舞おう。**

フランスの哲学者のアランは「上機嫌を実行していると、いっさいの事柄の展開がまったく違って見えてきて、いのちが活気づき、人生がよいものに感じられる」と言っている。**上機嫌は周囲に対する礼儀であるだけでなく、自分自身に対する「励まし」である。アランは「上機嫌は人間の義務の第一」とまで言っている。**

私たちは親しい人、愛する人に上機嫌で接することが高齢者の義務であることをとかく忘れがちである。よく知らない人、親しくない人、たまに会う人には言葉や動作を慎み、不機嫌や怒りを抑制する。しかし夫婦や家族、職場の同僚や部下（上司ではない）に対しては不機嫌をあからさまに表してしまう。それは、家族や部下なら相手は我慢してくれるだろう、不機嫌も受け入れてくれるだろうと、甘えているからである。甘えているので、身近な大事な人たちに対しては、感謝や愛情はめったに表現しない。機嫌のよさを共有しようともしない。

機嫌よく過ごす秘訣は意識して人の良いところ、可愛いところを発見し「をかし」と楽しみ、「いいな」と感心することである。腹を立てるより面白がる。怒りや不機嫌は相手にストレートに伝わるが、愛情や親愛の情は表現しないと相手に伝わらない。だから高齢者のたしなみとして、意識して相手に対する好意や愛情を伝え、上機嫌に振る舞わなければならない。

不機嫌は相手に対して失礼なだけでなく、気分はますます落ちこみクヨクヨし、自分にもはねかえってくる。能の翁《おきな》や媼《おうな》の面はにこやかな笑みをたたえている。怨みや怒りから解き放たれた機嫌の良い顔である。

「和顔愛語」は私のモットーである。優しい言葉、思いやりのある言葉が出せなくても、穏やかにほほえみ、人の行動や意見に感心し、褒める。和顔によって周囲の人を幸福にできる。将来看護や介護を受ける時も、看護や介護をしてくれる人に対して「ありがとう」と感謝を言葉で表現し、できるだけ上機嫌で過ごすように努める。そうすればきっと相手も気分が良くなり、より元気に行動してくれるだろう。

70歳になったら、いい加減に生きる知恵が大事だと思う。「いい加減」というと何ごとも中途半端で、まじめに取り組まないイメージがあるが、目指すは良い加減でバランスがとれる状態である。

良いか悪いか、極端に走らず、「それも良いが別のあり方もある」……とわかったうえで、自分なりに良し！ と思うことを行う。一つの考えにのめりこむのではなく、別の生き方、考え方もあるとわかったうえで、自分はこれでいくとソフトに信念を持つ。自分なりに全力投球はするが、それが報われなくてもしょうがないとあきらめる。柔らかいが、右顧左眄《うこさべん》しない潔さを持つ。そして上機嫌に過ごす。これこそ私の理想であり、年の功、経験によって得られる果実ではないだろうか。私はまだその域には達していないが、何とかその境地を目指したい。

70歳。「何となく物足りない」を打破する

新聞の人生相談へ寄せられる悩みは社会を反映している。先年（読売新聞2017年8月23日付「人生案内」）の60代の男性からの相談も、新型コロナウイルス発生以前の恵まれた日本の高齢社会を反映するもので、大いに考えさせられた。

その男性は「いまは不定期ながら仕事をしています。持病があり、あまり無理はできませんが、休みの日にウォーキングを楽しんでいます。

飲み友達と時々、飲み会に出かけることもあります。自分の仕事と、妻の通院の付き添い、そんなことができるのは幸せだと感じてはいます。でも何となく物足りなさを感じています。ぜいたくなことでしょうか」

などと相談している。相談者の言うとおり。これはぜいたくな60代の過ごし方だが、確かにつまらない。

病気に苦しんでいる人、生活費に事欠く人に比べて恵まれた生活と言えるし「ぜいたくな悩み」ではある。それでも「物足りない」という思いもまた正直なところだろう。幸・不幸は客観的基準でなく、主観によるのだから。

人間、自分の力の105%、110%が必要とされる仕事をしていれば緊張感もあり、うまくいけば達成感も得られる。120%、150%の仕事なら、さらに高揚感がある。成功すれば「やったぜ」とカチドキも上げたくなる。しかし自分の力の20%、30%でできるような仕事だと楽ではあるが、完成しても達成感はないし、はっきり言ってつまらない。この男性はそのような状態なのだろう。

それに対してもう年寄りなのだから、ぜいたくを言わず今の境遇に感謝して過ごせというのは簡単だがもったいない。もう少し負荷の大きい仕事をすれば、このような物足りなさ、空虚感は生まれない。例えば不定期ではなく、定期的な仕事、週に20時間ほど働くような仕事を探そう。若い時のように週5日、残業あり、自分の都合に合わせては休めない、という仕事ではなく、体の調子に合わせ、家族の都合に合わせてフレキシブルに働ける仕事である。

一番現実的なのは年金をもらいながらのパート就業だ。まずは重要な仕事なのにいつも人手不足の介護施設のパートでも良い。その時に考えるべきは、どのようにすれば入居者の居心地が良くなるかなどと、自分なりに工夫し、提案していくこと。そうすれば、「つまらない」という感覚はなくなり、達成感も得られるはずだ。コンビニでも外食産業でも、これからの高齢社会、労働人口減の社会では能力も意欲もある高齢者に働いてもらうのが、国民経済の維持のうえからも必要であるが、それ以上に仕事は個人個人の充実した人生のために必要なのである。

週刊誌には「75歳まで働かせるのか！」という怒りの見出しが躍るが、「能力も時間も意欲もある人を75歳まで働かせろ！」と怒りの要求をすべきである。自分の能力や経験の生きる仕事、最低賃金プラスアルファの報酬が得られる仕事、そして周囲から感謝され尊重される仕事があれば多くの高齢者は喜んで働く。

労働力不足で困っているのはどこの国か考えてほしい。仕事を創出するのは政府の政策なのか、企業のニーズなのか、本人の意欲なのか、意見は分かれるところだが、私は本人の意欲が一番大事だと思っている。**自分から仕事をしたいと表明すること、応募すること、仕事を続けることである。**「ぜひ働いてほしい」と三顧の礼で頼まれるまで待つのでなく、**自分から手をあげる。**

「ノックしないドアは開かない」のである。ノックもせず、空しい、物足りない、手ごたえがない、と思っていてもドアは開かない。いかなる仕事でも喜びと感謝を持って取り組むというのは理想だがむつかしい。やっぱり自分自身が喜びと感謝の得られる仕事をあきらめずに求めることである。何度も言うが自分の能力を大幅に下回る仕事をするのは楽だがつまらない。

では、どうしたらドアは開くのだろうか。ちょっと面倒だが世の中の役に立つ仕事をする。報酬は低くても人から感謝される仕事をしていれば、次のドアは開く。きっとそこで自尊感情、やりがい、生き甲斐を感じるはずである。結果として経験も生きてくる。

私はかねがね生きている期間の6割は社会やほかの人の役に立つ活動、3割はそのための準備期間で学習研修を行う。残りの1割ぐらいは人に支えられて生きるか……と人生の時間配分を考えている。計画どおりにいかないにしても、大体の目安で少なくとも人生の半分以上は人や家族や社会の役に立ちたい。

もし90歳まで生きられるとしたら、6割は55年前後なので、70代の半ばまで社会や人に役に立つ何らかの仕事をする。フルタイムで働き社会保険料や税金を払うのはそのうち8割ほど、まあ40～45年、税金や保険料は払わなくても孫の世話をしたり、パートで働いたり、ボランティアをする期間が10年から15年、一方、学校教育を受けるのが12年から20年、乳幼児として世話してもらうのが6年、高齢者として介護・看護を受けるのが3年程度とする（もくろみと違って90歳より長生きして世話してもらう期間が長くなったらゴメンなさい）。

人生6対4で世話をする期間と世話される期間の比と考えると、60歳定年で完全引退してしまっては、世話をされる期間が半分以上で、お天道さまに申しわけない。このように人生の時間配分を考えると、70代が働くのは当たり前である。もちろん仕事は自分で探し、自分でつくるべきだが、余力のある企業は退職者のための会社を設立し、仕事を発注してほしい。元気な60代、70代が、支えを必要とする80代、90代を支える仕組みがあればどんなによいだろう。

スポーツ庁の調査によると、この20年ほどの間に、高齢者の体力・運動能力は10歳以上若返っている。私たちはなんとなく「元気な高齢者が増えた」と感じているが、「6分間で歩ける距離」など客観的なデータがそれを立証している。

体力があり経験に富む高齢者が働かなくてどうする。超高齢社会日本は、「高齢者が社会を支えるモデル社会」として、世界のお手本になりたいものである。

70歳。まだまだ未熟、まだまだ成長

70歳になったら自分はもう立派な高齢者、十分に経験を積み、立派な見識を持ち、これ以上成長する余地がないと思っていたら大間違いだ。

昭和の日本は社会も職場も年功序列で、先輩後輩の関係が強固だったので、歳をとっている方が尊重され丁重に扱われた。この年功制は平成に入りかなり崩れてきて、令和の今や職場も業績主義になった。

ましてや仕事をやめてしまえば、フラットな人間関係になる。先輩風を吹かせても煙たがられるだけ。他人の考えを変えることはできないから自分自身のマインドセットを変えるよりほかない。

世が世ならば「翁《おきな》」とか「長老」、あるいは「刀自《とじ》」といわれた高齢者ではあるが、歳をとっただけで自然と周りから尊敬されるようになるわけではないとマインドセットを変えよう。意向を忖度《そんたく》してくれる子や若者はおらず、無料のベビーシッターとして孫託《そんたく》されるのが関の山という現実を見よう。

1947年の日本人の平均寿命は男性47歳、女性49歳だった。長寿者は少なく希少価値があり周囲も大事にしてくれたかもしれないが、今では80歳も90歳も珍しくない。歳を重ねただけで尊敬されると期待してはいけない。昔の翁や長老は、当時は他人のできない「長生きする」という難事業を行い、同世代が世を去り自分が最年長となる中で、責任感が生じ出世欲や金銭欲を解脱《げだつ》していた。ムラのため若い者のためイエのため尽くす存在だったので、調停役、説得役としての重みがあった。

そうした役割を果たしていると、経験が蓄積され説得力も増すが、そうした経験の乏しい今の70代の言うことに若い人たちが「なるほど」と納得することなどあり得ない。

もちろん、歳をとったから自分は「終わった人だ」「無用な人だ」と卑下し、過小評価する必要はない。若い人と同じようにサッカーやラグビーをしろ、重いものを持て、徹夜しろ、といわれると無理だが、訓練し続けていれば、マラソンもできるし、水泳だってできる。

高い収入を得る仕事はしていなくても、人の世話をし、世の中の役に立つことはできる。現実に70代の多くの高齢者は、まだまだやりがいのある仕事がほしい、老後のためのお金がもう少しほしい、と願っている。自分の今までの経歴を尊敬してほしいと望むだけでなく、昔の同僚が活躍しているのを少しうらやましく思い、身近な人の失敗に対してつい短気を出して声を荒らげたりしてしまう。

70歳とは歳は重ねているが、まだまだ悟りの境地にはほど遠い未熟者ということである。未熟者が翁や長老として尊敬されることを期待する方が無理と自覚しよう。

では、そうした「未熟」な高齢者が身につけるべきたしなみとは何だろう。

20代や30代はいうまでもなく40代や50代の頃に比べても、経験から学んでいろいろなことがわかるようになってきているし、少しは忍耐力も増しているはずである。あるいは知らないことを上手にごまかしたり、

都合の悪いことは聞いていないふりができるという老人力もついている
かもしれない。しかしまだまだ自分は不完全であり未熟であり未完成で
あると自覚しよう。
それは逆の見方をすると、今後も成長の余地が大きいということであ
る。高齢者もまだのびしろがある。
「もう少しだけ人間としての品格をつけよう」「少しはたしなみある人間として振る舞おう」と決心すると、これはなかなか遠大な目標である。怠けているわけにはいかない。どうせ今までできなかったのだから、とあきらめない。**少しでも「たしなみのある高齢者」という境地に近づくよう、及ばずながら努力しようと思うと毎日の心の持ちようが違ってくるはずである。**
歳をとったのだからもう努力はしない、ありのままでいいのよ、私ら

しく生きるんだ、などと居直っていては成長はあり得ない。

自分の思うように子どもや妻（夫）が振る舞ってくれなくとも頭にこない、相手の言葉に怒りたくなったら深呼吸して気を紛らわす、後輩や友人が成功したら祝福する、間違っても幸福そうな友人に皮肉や嫌みを言わない、困っている人の手伝いを申し出たり、援助をする。このように少しでも「たしなみのあるオトナ」として行動する。自分自身を「もう歳だから」「遅すぎる」「なにも今さら」と思わない、言わないと決心し実行する。つい不機嫌になる自分の気分をちょっとおさえて、上機嫌に振る舞う。それができたら、少しはたしなみを身につけたと自分を褒めてあげよう。

一番のポイントはそうした成長を本人が目指すかどうかである。70代の高齢者の多くは「どうせ自分はこんな人間なんだから」「今さら努力してもムダ」「ありのままでいい」「自分らしく生きたい」派が多数かもしれない。2025年の70代後半の人たちは団塊の世代、「お説教なんてごめんだ」「人間的成長なんて押しつけるな」と反発されるかもしれない。

しかし「求めよ、さらば与えられん」、たしなみのある高齢者を目指すことが、充実した高齢期への第一歩である。

70歳。わが身大事もほどほどに

「この頃、都にはやるもの」と14世紀の落書《らくしょ》をもじれば、令和のはやりはフィットネスクラブ、健康食品、脳活、それにサプリメントであろうか。

いずれも中高年をターゲットにして近年成長著しい健康産業である。高齢者の将来不安の3Kは健康・経済・孤独といわれるが、そのなかで一番不安が大きいのは健康であるからそこに焦点を合わせている。人口が減るなかで最後の有望マーケットはシニアマーケットといわれる。

特に新聞、雑誌のような旧メディアは高齢者向けのサプリメント、衣料品や運動器具、旅行の広告で埋め尽くされ、高齢者は狩場の獲物のように狙われている。若者向けのモノやサービスはネット広告が主流になっているので、新聞や雑誌は高齢者にターゲットを絞っているのだろう。

化粧品の広告も気が付けば、「年齢肌に張りを与え、シミやしわと闘う」エイジングケア全盛、若者の旅行離れの中で中高年にターゲットを絞った国内海外パック旅行の広告が紙面を埋める。認知症を予防する脳トレーニングも盛んである。血液一滴でがんの発見ができるというがん検診のベンチャーも大成長間違いない。日本老年学会の「今の高齢者の体力は史上最高」とのご託宣を待つまでもなく、こうした高齢者向けサービスの提供により元気な高齢者が増えているのはまことにめでたい

（か？）。

私があえてめでたい（か？）と疑問符を付けたのは、元気な高齢者がこんなに遊んでいてよいのだろうかという素朴な疑問を持つからである。日本史上初めてこれだけ高齢者が増え、しかも元気でお金もそこそこ持っている。怖いのは自分の病気と認知症だけという無敵のゴールデンエイジの人々がただ自分の安全、安泰だけを願っているように見えるからである。せっかく高齢者が元気になったのに、パワーを生かす機会が少なすぎる。これは本人にとっても社会にとっても不幸である。

私は団塊の世代が子育てに失敗した（ケースが多い）のは、史上初めて大多数の親が子どものほしがるものを買い与えることができる経済力を持ち、子どものために費やせる時間を十分持つようになったからではないかと考えている。

昔も大多数の親は子どもを精一杯愛し、できるだけのことをしてやりたいと思っていたが、いかんせん、大体の親は貧しくそれだけのお金も時間もなく、子どもたちは我慢せざるを得なかった。子どもの世話をしたいと思っても母親は家事や家業や下の子の育児に忙しくて子どもにかまっておれなかった。だから子どもはしっかり育った。

ところが団塊の世代は日本史上一番専業主婦の多い世代で、母親は子どもの世話に打ち込む時間があった。一応お金や暇に恵まれたが、賢い使い方のお手本がないのでそれをどう使ってよいかわからず戸惑って、子どもを保護し甘やかす使い方をしてしまった。

代々続く資産家は子どもにぜいたくをさせず厳しく鍛え、家産を守り社会に貢献する人材になってほしいと育てるが、成金は好きなように生きたらよいと子どもをスポイルして自己チューに育てる。20世紀後半は日本全体が成金的に子どもを甘やかして育てたのではないか。

子育ての時に起きたのと同じ現象が、高齢期にも生じつつある。お金とありあまる暇を何に使ってよいか、わからない。まずは自分の健康、そして自分の楽しみだけを求める。それが「自分らしく」生きる幸せな高齢期だとカンチガイする。お金のためには働かない、病気で寝たきりにならないでこの生活をいつまでも楽しみたい。それがこのシルバーマーケットブームを生む背景である。

しかしお金のために働かなくていいのも、寝たきりにならないのも考えてみれば、嫌なことをしないで済む、人の世話にならないで済むというだけではないか。いわば消極的な幸せで、マイナスでないというだけである。**せっかく生を享《う》けて長く生きている以上、何か人の役に立った、**

何か世の中のためになることをしたと手ごたえを求めたい。人間が一番幸福感を覚えるのは、自分の力を出しきった自己実現の時より、自分のしたことを感謝されることであるという心理学者もいるが、まったくそのとおりだと思う。

脳トレーニングに励むより、収入を得る仕事は責任が伴うので、脳の活性化に役立つ。タクシーや自家用車に頼らず、公共交通機関で動いている方が足腰を鍛え健康増進に役に立つ。介護つきで至れり尽くせりの高級高齢者ホームで暮らすより一人暮らしの方が認知症予防になる。

お金があっても、それを社会問題の解決や困っている人を助けるために使おうと思わず、個人がため込んでいてはこの社会はよくならない。利己的なシルバー民主主義（225ページ参照）を振り回し、自分のためにサプリを買い込み、運動をし、「健康第一」と暮らしている高齢者が、若い世代に「高齢者を大事にしろ」と叫んでも尊敬されない。「最近の若い者は、自分と半径3メートルにしか関心がない」「社会のためではなく自分の利益しか考えない」と批判するが、自分たち高齢者はどう生きているかを考えてみよう。

70歳。年齢観を変える

「人生七十年古来稀《こらいまれ》なり」、杜甫《とほ》の詩から70歳のことを古稀《こき》というが、これは人生50年時代の年齢観である。今や70歳は古来まれどころか、ほとんどの人が到達する通過点でしかない。世界一激務といわれるアメリカ大統領の職についているバイデン氏も、80歳を超えている。

新聞の死亡欄で74歳だの77歳だの、70代で亡くなっているかたを見ると早死にだなと感じる。そういう人の多くはがんや心筋梗塞などの不測の病や事故で亡くなっている。男性は80代、女性は90代で亡くなるのが普通だ。２０２１年9月現在、百寿者（１００歳以上の人）も8万６５１０人、51年連続で増加している。

しかしこの30年間の寿命の延びが急速すぎたので、常識と実感の乖離《かいり》が生まれ、個人個人は皆戸惑っている。私の母は、自分の母も姑も72歳で亡くなっていたので、70すぎから「そんなに丈夫でもないのに親より長生きしてしまって」と言いながら20年過ごして92歳で逝った。母が72歳の時に生まれた私の次女が小学校に入るまで生きていたい、中学校に入るまでは、と言いながら成人式まで見ることができた。

母の場合は70代を、いつお迎えが来てもおかしくない「おまけの歳」なのだと考えていたが、**「晩年」意識、「余生」意識を持って20年も生き**

るのは少し長すぎる。70歳女性の平均余命は22年以上ある。私は母を見ているので、自分もがんになったり事故にあわなければ90過ぎまで生きるのかな、と年齢観を修正している。

そんなことと言っていると明日にも何が起こるかわからないといわれそうだが、明日何が起こるかわからないのは若い時も同じで年齢に関係ない。だから「何歳だろうと今日が人生最後の日と思って生きよ」といわれるのだが、凡人の悲しさ、なかなか悟りきれない。

多くの人は「つひに行く道とはかねてききしかど昨日今日とはおもわざりしを」という『古今集』の在原業平《ありわらのなりひら》の歌のようになんとなく日を過ごして、死ぬ時は「もう少し生きたい、もう少しあれをしたい、これをしたい」と思うのだろう。

悟りきれない凡人の私たちも意識して自分の残り時間をどのように過

ごしたいのか、1年に1回ぐらい考えてみよう。単に「穏やかで幸せな高齢期を送りたい」などというぼんやりしたものでなく、例えば海外旅行で30か国訪問、年金以外の年収200万円を80歳まで確保する、子どもたちと1年に1回は写真屋で記念写真を撮ってもらう、月1回の句会に出席する、ピアノで「月光」の曲を弾けるようになる、ボランティアを月に50時間はする、などと具体的な目標を書き出し、その達成のためにどんなステップを踏まなければならないか考える。高齢期のKPI(Key Performance Indicator　重要業績評価指標のこと)を明らかにすることである。

私が素敵だなと敬服しているのは世界最高峰のエベレストに女性初の登頂者となった田部井淳子さんである。大きい目標を成し遂げると残りの人生は余生のようになってしまう人が多い中で、彼女はその後も世界5大陸の最高峰、そして世界各国の最高峰に登ると次々と新しい目標を立てて実行し成し遂げた。その国（県）の最高峰に登るという具体的な目標があると、旅行の計画でも地方講演でもそれに関連づけて意味づけするようになるということだった。

別の友人で日本百名山登頂と目標を立てている人も、今年は15座登った、来年は10座登りたいと言いながら、目標を完遂するまで足を鍛えておかなければと日頃からトレーニングにいそしんでいる。所属する美術団体の年1回の展覧会に作品を出品することを目標にしている友人もいる。

それに引き換え、80歳までに1000万円貯蓄しなければ、といった目標はあまり魅力的には見えない。貯蓄より上手に使う目標の方がよい。

貯蓄は、「それをどう使うのか」が問題である。貯蓄は何かのための軍資金であり、手段である。「何かあったらどうするの、そのために貯蓄は絶対必要」というが、その「何か」は何だろう。認知症や寝たきりになり介護が必要、がんや難病など重い病気になったらお金がいる、というのは別項でも書くが、公的保険がしっかり機能しているかぎり何とかなる。むしろ今持っている預金を死ぬまでに上手に使いこなすにはどうするかを考えた方が良いのではないか。

衣服、アクセサリー、家具、本などは十分に使うことがモノの命を愛おしむことになる。**断捨離が大流行だが、その前にしまっているモノはどんどん使って使って使いきろう。**自分がいらなくなったモノをほかの人に活用してもらえるメルカリはよいシステムで、こうしたフリーマーケットアプリを活用してもよいし、直接人にあげてもよい。

私は思い切りの悪い人間なので、まだ使えるモノを、えいやっとはなかなか捨てられない。せめて1か月に段ボール1箱ずつ捨てることを心がけているが、それでも難しい。

使わなかったモノを処分する中で一番困っているのは、そのうち役に立つかとっている資料、思い出の写真、いただいた手紙などであるが、それは決心がつくまで持っていようと思う。子どもたちの幼い時の服や本なども捨てられなかったのだが、子どもたち本人は「捨てていいよ」と執着がないのでやっと思い切れた。

芸術品以外のモノは消耗品で、形あるモノは必ず滅びる。いつまで今の家に住むことができるか。一日でも長く一人暮らしができるよう努力するが、力尽きたら介護つき有料老人ホームか介護医療施設に入ろうと私は考えている。その時にはいやおうなくモノは処分することになる。

そうしたモノを喜んで使ってくれる人がいたら今のうちにプレゼントしよう。

私がなかなかモノを捨てられないのは、モノの命を使い切らないうちに捨てるのに罪悪感があるからである。それがつらいなら、そもそもあまり買わない方が良いのだ。捨てられない立派なモノは故事来歴を聞いてくれる人にあげる。あるいは本や古着は寄付やリサイクルに回す。高価な品でも所有者が死んだあと残されたモノは始末に困る。残されたモノは産業廃棄物ならぬ人生廃棄物になってしまうことは母の遺品の整理、叔母の遺品の整理をした時に痛感した。

70歳。人は人、自分は自分

先に

も言ったとおり気分に任せていると高齢者は気持ちが沈んで不機嫌になる。自分で心がけて、上機嫌に振る舞うようにするのが、高齢者の必修のたしなみである。人間はどうしても他人のことが気になり他人と自分を比べてしまうが、高齢者の心を一番落ちこませるのは人との比較である。

歳を重ねても他人の生活が気になる。他人がうまくいっているのにひきかえ、自分はなぜうまくいかないのだ、と。**しかし70歳からの人生を充実して生きていくうえで、こうした他人に惑わされる気持ちをコントロールし、自分の意志で自分の気持ちを引き立てなければ、いつまでたっても心安らかに生きられない。**

あの人はあんなに成功した人生を送ったのに自分の人生は大したことがなかったな。自分はお金に余裕がなくつましい人生を送ってきたのに、あの人はぜいたくに華やかに暮らしていてラッキーだな。自分はいろんな病気に苦しんでいるのにあの人はピンピンしている。あの人の夫は取締役になったというのに私の夫は課長どまり。あの人の子どもは名門校に進学して立派に活躍しているのに自分の子どもときたら……など自分だけでなく、家族の状況も含めて比較すると心が波立つタネは尽きない。

しかしこれは後ろ向きの考え方で、考えれば考えるほど自分を不幸にするだけである。

テレビや週刊誌だけでなくフェイスブックでもブログでも他人の暮らしや人生についての情報が溢れているので、知らなければ気にならない情報が嫌でも入ってくる。**情報社会を生きるには他人の幸せ情報に惑わされない強さが必要である。**フェイスブックやインスタグラムでは自分が失業したとか、試験に失敗したという話はまず投稿しない。投稿されているのはその人の陽のあたる部分である。みんな幸せでうまくいっているのに私ときたら……と悲観することはない。

世間には「私はこれこれの方法で成功した」「頑張れば夢はかなう」「こうすれば必ず成功する」というたぐいの本や情報が満ち溢れ、成功しないのは自分の努力が足りないからだ、やり方が悪いからだと自分を責めてしまいがちである。

しかし、できるだけ「人は人、自分は自分」「自分なりによくやった」「どれだけ努力しても結果が良いとはかぎらない」「ここまでできれば良しとしよう」と思う習慣をつくろう。

「人間は自然に任せていると人をうらやむ動物」だと意識して、その気持ちを切り替える練習・訓練をする必要がある。若い時にできなかったのだから、歳を重ねて70歳になってからできるはずがないとあきらめないで、今までのいろんな経験や知識を総動員して見方を変えよう。

他人の幸せによって自分の心を乱され、他人の幸せによって自分が不幸になるのは、二重にマイナスである。他人と比べてかけがえのない自分の人生をおとしめ、自分の人生を粗末に扱うのはもったいない。

ほしいとあこがれていたブランドものでも、手に入れるとそれが「当たり前」になって、ありがたみを感じなくなり、さらにそれ以上のランクのものを持っている友人と比べて不満に思った過去や経験があるだろう。きっと成功した「あの人」も本人自身は自分の手に入れた成功に、あなたが思うほど満足していないかもしれない。「成功」が幸福をもたらすわけではない。ましてや宝石やお金が幸福をもたらすわけではない。

若い時に大成功しても長続きしなかった例はたくさんある。良いポストについても大半は2～3年の期限付きで交代する。名門校を卒業して一流企業に就職しても職場では成功しない人、お金はたくさんあっても家族の心が離れ離れだったりしている人、長生きしていろいろの例を見ていると「幸福な人生」は単純でないことがわかってくる。

ほとんどの人は恵まれてうまくいっている光の部分だけでなく、うまくいかないこと、足りない影の部分が必ずある。一人の人の光の部分、

別の人の光の部分、また別の人の光の部分と比べて劣等感を持つのでなく、それぞれの人の持つ影の部分も見たうえで、それでもあの人も頑張っていると受け止めると「みんな違ってみんないい」の心境に近づける。

よく知られているように徳川幕府を開き、神君と尊敬された徳川家康は幼くして母が離縁して去り、父を失い、今川の人質として育った。成人したのちも織田信長の要求で自分の長男信康と正室の築山殿を殺さざるを得なかった。アメリカのクリントン元大統領も父を失い、母の再婚相手はアルコール依存症で家庭内暴力をふるうという家庭で育った。

ドイツの文豪ゲーテは若くしてベストセラー『若きウェルテルの悩み』を著し、経済的にも恵まれ、社会的にはワイマール公国の宰相を務め、最晩年に『ファウスト』を著すなど輝かしい人生を送ったとされている。しかし一方で父親との対立や不和、妻の病気、長男の死などを経験している。本人も自分の人生は努力と精励で埋め尽くされたと言っている。ニーチェは、ドストエフスキーは、と歴史や伝記を読むと苦闘した事例が山のようにある。「偉人伝　ご苦労様と　読み終える」という川柳があるほどだ。

一方で、歴史に名を残す大人物でなくても、自分の身近に、お金がなくても温かい心を持ち人に尽くしている人、病気でも明るく暮らしている人、不運の中でもけなげに生きている人がたくさんいる。この人たちに接するとこちらの心も温かくなる。

では現実にどうしたら他人の成功に心を乱さず、心の安定を得られるようになるか。

一番大事なのは自分を肯定することだ。自分の人生を肯定すると、人

に優しくなれる。自分が若い頃に夢見たのと違う、こんなはずでなかった人生を生きているとしても否定しないことだ。それに加え時々、自分自身がどれほど多くの幸運や助けに恵まれてきたか、成長してきたか、意識して振り返ってみる時間をつくるのも自分の心を安定させるうえで有効である。「まあ足りないこと、できなかったこともいろいろあるが、たくさんの人に支えられ、及ばずながらそこそこ頑張ってきたじゃないか、欲を言ってもきりがない」と思うように努める。

具体的には**ほかの人、特に身近な人の努力や成功を喜ぶ。**自分が直接知らない人が成功しても心は乱されないのに、昔の同級生や近所の人、同僚などが幸福に暮らしている、成功しているのを見ると、ついうらやましくなり落ちこむことが多い。それだからこそ、たとえ心の底からでなくても身近な人の成功を必ず言葉で祝福し褒めてあげる、という習慣を心がけるというのが私の実践的なアドバイスである。

最初は形だけでもいいから、良い言葉を出していくと自分の気持ちもそれに影響される。知人の成功に対して「良かったね」「おめでとう」「私もうれしい」という言葉を意識して発する。面と向かって言うのが一番だが、それを伝えてくれた人にも言うのを習慣にする。「なんであの人がうまいことやって」などと言っていると自己嫌悪になる。

多くの高齢者は、長い人生のなかで自分なりにとても耐え切れないと思う厳しい状況や悲しい出来事もなんとか乗り越えてきたはずである。あれをしなければよかった、ここの選択が間違っていた、などととりかえしのつかない過去の失敗もある。しかしそれをくよくよ後悔し続けるより、「今ではいい経験になっている」と思うようにしよう。**つらいこと、悲しいことがあったのになんとか今まで生きてきたのだと、自分を**

いたわってあげよう。「過ぎたことはみんないい思い出」である。自分だけたくさん苦労してついていないなと思わないで、あの苦労や失敗があるから今日の私があるのだと考える。理不尽な人生に押しつぶされなかったのは自分への勲章である。

自分の人生をそれなりに肯定すると他人の成功で心が乱れなくなる。この心境は自分の現状に満足して怠ける口実にするのでなく、自分の過去を肯定する、「頑張ったよね」と少し自分を褒めてあげる。自分も少しはいいことをして他人や社会の役に立ってきた、と積極的に評価することは今後を積極的に生きるエネルギーになる。

他人の成功を自分の物差しにして横並びの比較をするのではなく、自分自身が何をしたか、どう生きたか、どう成長したかに関心を向けると、心の底から「人は人、自分は自分」と思えるようになる。

古代ローマの詩人ホラティウスも「多くを求める人は多くのものが足りず、つねに貧しい。少しで足れりとする人こそ豊かなのだ」（カルミナ第3巻）と言っている。

70歳。キョウヨウとキョウイクは自分でつくる

私は

ここ10年来、歳をとったらキョウヨウとキョウイクが大事だと言い続けてきた。**今日は用がある、今日は行くところがある**、ということである。何も用がない、どこも行くところがないと家でゴロゴロしていてはボケてくる。２０１８年夏、山口県で行方不明になっていた男児を保護した高齢ボランティアの尾畠春夫さんもそれをモットーにしておられるという。

しかし間違ってはいけないのは、用事も、行くところも誰かが与えてくれるのを受け身で待つのではなく、自分で能動的に発見し取り組むということだ。

同窓会や同期会のような会合も、「別に出てくれと言われてないから」「出席しなければならない義理はないから」「特に面白いこともないだろう」と言っていたら、どこへも出なくても日は過ぎる。歳をとったら「義理欠く、恥かく、人情欠く」でいいのだとうそぶいていては、あっという間にボケてしまう。この三カクの教えは蓄財の心得であって、高齢期を豊かに過ごす心得ではない。反対に、お金があっても高齢期を貧しく面白味のないものにする。そうならないためには、たとえ面倒でもまず足を運ぶ。

仕事も用件も行くところも与えられるのではなく、自分でつくるのだ。

70歳になって頼まれる仕事や用件が、やりがいがあり、尊敬され、収入の多いものであるはずがない。待遇のいい仕事をやりたい若い人は山ほどいる。やりたい人が少ないから高齢者が頼まれるのである。

そんな頼まれ仕事でも「あるだけありがたい」と感謝しよう。名簿づくりや資料の発送などでも少しでも効率的にうまくやるにはどうすればよいか考え、段取りをつけて取り組む。

仕事をしていても与えられた仕事を片付けるだけでは、脳細胞は活性化しない。たいして世のため人のためになる仕事ではないし、お金にもならない。暇つぶしとして適当にこなせばよいと、いい加減に対応していると自分も楽しくないし、周りも困る。あの人に頼んでもきちんとしてくれないと頼まれ仕事さえ来なくなる。

頼まれ仕事はつまらない……と敬遠する人は、頼まれるのを待っているのではなく、自分でやるべき用事をつくることである。例えば自分からボランティアを買って出る。スーパーボランティアの尾畠さんとはいかなくても、困っているところへ自分から行くのだ。周りを見渡せば地域の世話役など、なり手が少ない活動はたくさんある。地域の消防団員も女性団体の役員も町村議員も候補者が少なく困っている。

また身辺にもそのうちにしようと思いながら、あと回しにしてきた用事がたくさんあるのではないか。私自身のことを打ち明けると、お世話になったままご無沙汰しているかたへのごあいさつ、押し入れや物置の整理、昔からの写真や手紙の整理、相続したけどきちんと手続きしていない不動産の整理、とりわけ私がこうした用事を処理するのが苦手で先送りしてきたからかもしれないが、やるべきことは山のようにある。一度に片付けるのは無理だが、後でと言わないで少しずつ取り組むべきだ。

日本は人口減少社会、人手不足社会である。足腰の立つ高齢者は猫の手より役に立つので、高い報酬を求めなければ、これからも仕事はある。

90歳を過ぎて現役として知的活動を続けておられた外山滋比古《とやましげひこ》先生は毎日すべき仕事を書きだすことを朝の日課にしておられたそうだ。前の晩でも明日何をするか、予定表を作る習慣はぜひ真似たい。職業で拘束される時間も家族にかかわる時間も減った70代だからこそ、毎日、明日は何をするか、どこへ行くか、自分で意識して予定表を作らないと惰性《だせい》に流れる。過ぎた行動を記録し反省して日記をつけるよりよほど前向きである。

その予定表には必ず外出を組み込むようにする。勉強会への参加、習い事、句会・歌会への参加、展覧会に行く、講演会に行く、選挙の応援に行く、どれもたくさんの選択肢の中から自分で面白いと思うものを選んで出かける。頼まれたら出ようか、義理があるから出なければならない、のではなく、自分が興味を持つから出席する。もし面白い会がなければ自分で勉強会などを立ち上げる。外山先生も自分の話を聞いてくれる人を集めて勉強会をつくり、若い人にせっせとごちそうしておられたそうだ。先の**蓄財の心得「義理欠く、恥かく、人情欠く」の反対、「義理がたく、恥を知り、人情あつく」を心がけるのが高齢者のたしなみである。**年寄りは、蓄財より持っているお金を上手に使い豊かに暮らす心がけが必要である。

ただし、いろんなところでいろんな催しが行われているから、行くことだけを目的にしていてもそれなりにスケジュールは埋まるかもしれないが、それでは散歩代わりの「お出かけ」になってしまう。

自分でテーマを決めて女性の労働をテーマにした講演会にはできるだ

け参加する。好きな政治家の後援会に入会したり、ツイッターのフォロアーになる。その政治家が出る集まりやシンポジウムや講演会には出る、などと自分で選んで行動するとその道の権威になり、講演の目利きになり、政治家にとっては顔の見える支持者になる。

演劇ならこの作家、コンサートはこの歌手、卒業した学校の行事やイベントにはできるだけ参加するなどと〝えこひいき〟して行動すると、単なる気まぐれなその他大勢ではなく、大事にされる支持者・後援者になる。

匿名の海の中に漂う無名の大衆の一人から、顔の見える存在、名前のあるヒトになるということである。**受け身で過ごし、誰かから誘われるのを待っているだけで行動しないとキョウヨウもキョウイクもない老人になる。**

70歳。下流老人にならないために

格差

社会といわれるが、日本人の多くは元気で働いているかぎり、まあ中流の暮らしをしている。そこはすさまじい格差が開きつつあるアメリカや中国とは異なっており「日本はまだいい国だ」といえる。

それでも、70歳以上になると個人差は開いてくる。健康で、大企業や公的機関で長年勤め上げ、貯蓄を積み上げ退職金もそこそこもらって経済的に安定した人もいれば、勤め先が倒産したり、自営業があまり繁盛せず貯蓄もできなかった人、あるいは病気、ケガ、離婚などいろいろな不運が重なって負債を抱え込んでしまった人と様々だ。

経済状況には違いがあるが、これからますます人口は減少し、人手不足になるので働こうと思えば働き口はある。もちろん給料がよくて、自分の経験が生きるとか周囲から尊重されるとか多くを望むと仕事は少ない。それでも働いた収入を公的年金にプラスすればワーキングプアよりましな生活ができるはずである。さらに病気や事故で働けなかったら最後のセイフティネットとして機能する生活保護もある。

日本の社会保障制度はもちろん完全ではないが、少なくともアメリカよりかなり整っている。病気になっても健康保険がカバーしてくれるので70歳~74歳は2割負担(75歳からは1割負担だが一定収入以上あると

2割負担）で診療、入院できる。

高額療養費制度もあるので一定金額以上は保険でカバーされる。差額ベッドや個室を希望し保険がきかない薬や治療法を使って「最高の治療を」と保険外医療を受けないかぎり、医療破産にはならない。80歳、90歳になったら「保険の範囲内の治療でいい」と割り切れば法外なお金はかからない。どれだけお金を使っても少しでも長生きしたいかどうか、個室でなければ絶対嫌とか、その人の人生観が反映するから一概に言えないが、私はできるだけ平穏死を目指し延命措置は辞退する。

ところが現在の医学で原因や治療法が究明されていない難病にかかると藁《わら》をもつかむ気持ちで、怪しげなまじないや、特別の療法に頼って莫大なお金を搾《しぼ》りとられるかたがいる。**病気も怖いが悪い人間の方がもっと怖い。**

家族も怖い。子どもや孫は長い間、老後の頼もしい支え手だったが、最近はそうとは限らない。むしろ子どもや孫が自立してくれず大往生の妨《さまた》げになるケースが多い。

息子や孫を騙《かた》った振り込め詐欺など特殊詐欺で大金を巻き上げられる高齢者が後を絶たない。

余談になるが、私はかねがねだますのは息子や孫息子を騙った男で、娘や孫娘を騙る場合が少ないのが日本の特徴と思っている。息子や孫息子は「跡取り」だからどんな犠牲を払っても助けずにはおくものか、と祖父母が張り切るからかもしれないが、そもそも娘より息子が頼りない、どんな不始末をしでかすかわからない、と信用がないというのが本当の理由だろう。頼りないうえに日頃連絡をとっていないから、電話の声も聞き間違える。娘は一般にしっかりしているし、日頃から話しているから、他人にだまされない（ことが多い）。

話を元に戻すと、息子が（少ないが娘も）詐欺はしないまでも結婚しない、いつまでも自立せず、親元にいる例も増えている。職業につかず、友達とも付き合わない。20世紀の終わり「パラサイト・シングル」という言葉で山田昌弘中央大学教授は、親元で生活し自分の給料をぜいたくに使う独身男女の存在を指摘した。しかしそれから20年たった今日のパラサイトで働かない子どもは、親にとって命とりの寄生虫である。

もう引退して年金暮らしの親を頼りに働き盛りの年齢の男女が仕事をしないで親の家でごろごろしている。成人している子どもが自立しないのは子ども自身の責任であることは当然だが、親が甘えさせた責任も大きい。子どもを虐待したり放任して育てる親は問題だが、甘やかす親も親としての責任を果たしていない。子どもの頃から手伝いもさせず上げ膳据え膳、どこへ行きたいか、何がほしいかとご機嫌をとって育てると、自分の欲望をコントロールできず、嫌なことを我慢できない子どもが育ってしまう。

こういう子どもが大人になると大変である。家の中では小皇帝でも、外へ出たらそうはいかない。**社会人になる、大人になるというのは、自分の思うようにならない現実に耐え、現実と折り合いをつけることであるが、甘え続けた人間はそれができない。**友達とうまくいかなかったり、上司に怒られたりすると、すぐに傷ついて心が折れて乗り越えることができない。

リストラにあったとか、受験に失敗したとか、けがや病気をしたとか、明確な理由で失業し、立ち直るまで少し時間がかかる場合もある。その期間は親が生活をサポートするのはやむを得ない。その場合もいつついつまでは面倒を見るが、それを過ぎたら自分で生きろと期限を切らないといけない。

また会社のお金を使い込んだ、女友達を妊娠させたというたぐいの話はたとえ詐欺でなくて本当にしでかした場合も、すぐ言われるままにホイホイと手を差し伸べるのでなく、本人にとことん悩ませ自分なりに対応させなければならない。そうしないと懲りないで、また同じ失敗をやらかすのは目に見えている。本人がどうしようとせっぱつまった気持ちになり、あやまちを自覚することが重要である。親をあてにさせないで自分で始末しろと突き放す。親が出るのは最後の最後である。

そもそも親の責任とは何か。私は子どもを自立した人間に育てることだと思っている。自立できない子どもを支えるのが親の責任ではない。自立するまで甘やかさないという責任を果たすのが親である。もちろん親の育て方にすべて責任があるわけでなく、人間には多様性があり、子どもも障害や病気などいろんな問題を抱え、それを受け入れなければならない場合はあるのだが、それは別問題だ。

兄弟や親族との相続をめぐる確執も厄介で、後半期の人生を暗くする。戦前のように家督を継いだ長男が全財産を一括相続して母親の老後や弟妹の面倒を見るという時代ではない。今は次男、三男も娘も子どもは皆、相続権を持つ。しかし誰が親の介護をしたか、家業に貢献したか、それに見合う財産が相続できるか、皆それぞれ言い分があるので判定するのは難しい。

親が離婚や再婚でそれぞれ子どもがいるような複雑な家庭や大資産家は前もって相続対策を考えるのでかえってもめず、普通の家庭では対策がとられていないので、もめるケースが多い。また昔は相続財産の大きな部分を占めていた不動産が今は売れない、借り手もいない、税金や維持費だけがかかる「負動産」になる時もある。取り合うにしろ、押し付け合うにしろ、財産をめぐる兄弟の争いは、配偶者も巻き込んでもめることが多い。相続がこじれて兄弟姉妹が仇敵のように憎み合う争族もある。

そうならないためには「欲をかかない」ことに尽きる。自分だけが少しでも多く、少しでも損をしないように、と思えば思うほど事態はこじれる。**「あいつばかりにいい思いをさせてなるものか」と思わず、「ま、少しぐらい損をしてもいいか」とあきらめることである。**それが人間としての品格であり、高齢者のたしなみである。

たしなみある中流老人とは、少したくわえがあることより、「自分が少しでも得をしよう」とがつがつせず、少し損をしてもしょうがないなとエエカッコできる人のことである。そういうやせ我慢をしようとするのは中流の哀しさかもしれないが、それが誇りの源でもあると私は思う。

中流老人の定義は様々あるだろうが、自分の暮らしを自分の収入やたくわえで賄《まかな》うことができるという経済面だけでなく、精神面が大事である。「お金じゃないよ、ココロだよ」と言いたい。毎日投げやりに過ごすのでなく、少しでも自分のやるべき責任を果たそう、人の役に立とう、社会をよくするために少しでもできることをしようという意欲を持ち続けるのが中流高齢者のたしなみである。

必要経費を上回る収入やたくわえがあり、無駄金を使う経済力があるのが中流老人ではない。今だけ楽すればよい刹那主義の生き方をするか、将来に責任を持つ未来志向の生き方をするかが中流と下流の分かれ目であり、たしなみの有無が決め手となる。

2018年にカンヌ国際映画祭でパルムドールを受賞した『万引き家族』はそれぞれ傷を抱えた人間の優しさと絆が描かれた名画である。その中で「働かない」ことや万引きや盗みを悪と考えない治（登場人物の一人）はどれだけ優しくても社会人としてのたしなみがなく、信代（同）や祥太（同）に甘えている下流人間である。

下流老人の一つのパターンは、今さら我慢するのは嫌だ、嫌なことはしたくないと支出をコントロールできず、自分の収入やたくわえを支出が上回ってしまう状態の高齢者である。もう一つのパターンは、病気や事故のようにコントロールできない状況に押しつぶされる人。そうした状況になっても医療扶助や保険の申請をきちんと行い、家族・友人・公的機関の支援を得ることができたら下流老人にはならない。

持ち家に住み、多額のたくわえを持っていてもそれを活用せず、家はごみ屋敷、食べるのは外食か、コンビニ弁当やジャンクフード、テレビを見てだらだら過ごす、という生活をしている高齢者は下流老人である。

そして現在のたくわえでは将来が不安だとばかり、もっともっとお金をほしがり、相続の際はとことん権利を主張し、付き合いに出すべきお金も出さない。「義理欠き、恥かき、人情かき」を実行する。人にごちそうしたり、世話をしたりもしないで、もらうことばかり考えている。自分が少しでもトクをしようとする、それが下流老人である。

3000万円たくわえがあれば中流老人、1000万円では下流老人という線引きはできない。私の定義では、中流か下流かはその人のメンタルセット、どういう価値観を持ち、どういう生活態度を持っているかで決まるのだと思っている。

人間としてのたしなみのなさが、下流老人をつくる。

共感・決意・覚悟…あなたもぜひ！

『70歳のたしなみ』読者のことば 01

歩んできた道を振り返り、後悔ばかりが脳裏に浮かぶ自分ですが、自身で判断し決めて歩んできた道。自分に責任を持ち、上機嫌に振る舞い過ごしてゆきたいと思いました。（70歳・女性）

娘と同居して家政婦のごとき家事に励んでおります。大変やる気をいただきました。まだまだ外に出て人のためにも自分のためにも何かしなくてはと改めて思いました。（76歳・女性）

人と関わっていく上で、上機嫌に振る舞うということは職場や家庭においても大事だと思った。感謝の気持ちを忘れずに、何歳になっても目標を持ち元気に生きていこうと思いました。（44歳・女性）

フルタイムパートで働いています。最近仕事からの引き際を強く意識するようになり、これからどのように生きていくべきか考えていましたが、まだ70歳、これまでの技術を生かせるボランティアを探したいと思っています。前向きに！（71歳・女性）

自分で自分の限界を決めていたのかもしれません。勇気をもらいました。（67歳・男性）

第2章

始めるべきは「終活」ではなく「老活」

70歳。終活は急ぎすぎないある

大企業の元社長が末期がんと宣告され、延命治療を拒否し、まだ元気なうちに今までお世話になった人に感謝したいという趣旨で「感謝を伝える会」を開催された。

確かに亡くなった後のお葬式に参列してもらっても本人がお礼を言うことはできない。葬儀参列者の中には亡くなった本人とは関係はなくても、主催者・喪主への義理で来る人もいる。それに比べ生前にこうした感謝の会をするのは良いと共感する人が多かった。

しかし生前葬にはタイミングがある。私の知り合いのあるかたも77歳で一区切りとして生前葬と銘打った会をされたが、その後も今に至るまで10年以上活躍されていて、生前葬に列席した人に会うと「まだまだお元気ですな」と言われてばつが悪いという。生前葬はあまり早くするものではない。生前葬より「謝恩会」「感謝の会」と銘うって77歳（喜寿）や88歳（米寿）の節目にお世話になった方々をお招きする方がよいように思う。

がんは「末期」と言われても数か月は持つことが多いから、終活を行う時間がある。一方、脳血管系、心臓系の場合は、急に亡くなったり、意識がなくなったりする。持病がなくとも70歳を迎えたらそろそろ終活の準備をしなければという気分になる人も多いようだが、**70歳で行うべ**

きは終活ではなく、しいて言えば老前準備というか、高齢期という新しいステージを生きるための準備の老活である。

終活でよく言われるのは「断捨離」という言葉である。持ち物の整理、写真の整理、財産の整理、人間関係の整理である。私も前に書いたとおりモノを整理しようと努めているが、なかなか実行は難しい。

煩悩、執着を断ってすっきり生きる境地は皆が憧れる。実は私も若い頃は、70歳になったら出家して仏門に入るのもよいなと夢想していたが、70歳になってみると実行できずまだ俗界にさまよっている。断捨離も煩悩の多い普通の人にはできないと覚悟しておこう。

何かの節目ごとに身辺整理をするのは良いことだが、それは新しいステージを生きるための準備である。人生の終末を迎える活動とは目的が違う。

財産の整理は理想的には老前整理や終活と関係なく50代から毎年1回、誕生日やお正月に見直しましょうといわれている。しかし現実には毎年は難しい。60歳か定年の節目、70歳、後は5年に1回で良い。そんな整理するほどの財産はなくても、マイナンバーや公的年金の番号、保険や通帳や印鑑の確認、住んでいる家など不動産の権利書あるいは契約書など、何か起こった場合のためにバックアップの態勢をとり、配偶者なり、子どもなりにわかるようにしておくのが一番だ。今はいろんな情報がパソコンに蓄積されているからパソコンのパスワードは実印同様に大事である。不動産、投資信託、株などは素人にはそれを運用する時間も知識も決断力もないから長期安定保有が一番と思うが、経済の情勢に応じて資産の入れ替えをし、安定的に運用するにはどうすべきか、今の日本の金融機関に一番欠けているサービスの一つである。

人間関係の整理も終活、老前整理としてけじめをつけようと言われるが、退職したら仕事がらみの関係はこちらから宣言しなくても見事に消えてしまうので、無理にけじめをつけなくてよい。

年賀状に「来年から年賀状を辞退します」といった一文を添える「終活年賀状」も流行しているが、自分が大事にしたい人、付き合いたい人との年賀状やメールのやり取りはできるだけ続けた方が良い。年末にあわてて書くのが嫌ならお正月になって書いてもいい。わざわざけじめをつけるため、やめましょうと宣言する必要はない。出したくない人に無理に出さなければ、相手からも来なくなり、出しても返事が来なかったり、自然に少なくなっていく。

それよりぜひ行いたいのは、折に触れ世話になったかた、年齢を問わず尊敬する人に手紙や葉書を書くことである。返事はいりませんと書き添えて、書きたい人には書き続ける。

かっこつけて生前葬、断捨離をするより、与えられる毎日毎日を丁寧に生きる。自分を励まして少し無理して生きるのが高齢期を豊かにするライフスタイルだと思う。

何事も面倒くさがらず、少し無理して生活するのは、老けこまないためにはとても重要な心がまえである。のんびり過ごそうと高齢者向け施設に入ると、生活能力もだが気力までガタッと落ちてしまう。自分でトイレに行ける間はギリギリまで自宅で暮らし、自分で動けなくなったら、はじめて施設か病院に入ると決めて、それまでは、人の助けを借りながらでも一人暮らしを続ける。そして刀折れ矢尽きた時に入院・入居する施設をあらかじめ決めておくのが、私の最高齢期へのビジョンである。

70歳。今日が人生で一番若い日

寿命が延びたのに70歳にもなるともう晩年という気持ちになる人が多い。

夏目漱石は文学者であるだけでなく芥川龍之介や久米正雄などの若い文学者を指導し尊敬されたためもあるが、老成した大人というイメージがある。実は家族の手記や思い出を読むと癇癪《かんしゃく》持ちで短気で、老成した大人でない面もあったらしいが。その漱石の晩年はいつ頃だろうか？

49歳で亡くなっているのだから40代後半、胃の病気が進行し、死期を悟ってからになろうか。

今40代後半といえば人生の真っただ中、その年齢では誰も自分のことを晩年だと思っていない。きっと現在70代を晩年だと思い込んでいる人も後世から見て何をおこがましいことを言っていたんだと思われるだろう。

晩年を規定する要因は何だろうか。晩年は単に歳を重ねた期間ではなく、死に近い時期である。70代は死を思うよりまだまだ生を生きる時期である。終活より老活である。70歳はもう晩年、「今から始めるにはもう遅い」といろんなことをあきらめてしまうのはもったいない。おそらく10年後、20年後には「あの時に始めておけば良かった」と思うこと確実と断言できる。

10年間一つのことに打ち込めば一人前になれると言われる。料理、指物、染め物、刺繡《ししゅう》、生け花、茶の湯……。もちろん、音楽や文学など10年たっても駆け出しのものもあるが、それでも特定の分野の研究を10年続ければひとかどの専門家になれる。今日がこれからの人生で一番若い日なのだ。

新しいことを始めるのを妨げるのは、明日は何が起こるかわからない、急に病気になるかもしれない、という恐れである。アメリカと中国が戦争をして日本も戦地になるかもしれない、首都直下型の地震が起きるかもしれない、だから今さら何もしないという消極的で刹那《せつな》的な考えである。先が見えないと確かに新しいことをこつこつ始めるのはばかばかしいということになる。するとこうしたもっともらしい「先見性」に富む人が実は先のことなど考えない人と同じように怠けて過ごすという不思議なことになる。本当に必要なのは「たとえ明日世界が滅ぶとも私は今日、木を植える」という心意気である。

長すぎる晩年を何もせずに過ごすのは寂しいしもったいない。70代はまだまだ働き盛り、周りの人の役にも立てるし、社会に関わっていくこともできると自己暗示をかけよう。「もう歳だから」というのは言い訳にすぎない。私は若い時だってそれほど100%元気いっぱいで有能だったわけではない。ど忘れもたびたびしていたし、電気の消し忘れや忘れ物はしょっちゅうしていたから、歳をとったから特別衰えたわけではない。若い時も、睡眠不足の時は頭がもうろうとしていたし、風邪もひいていた。違うのは当時はこんなことではだめだと自分を戒めていたが、今はしょうがない、こんな体質だからと言い訳することぐらいだろうか。

55歳の伊能忠敬が日本地図作成のため最初の一歩を踏み出した時、多くの人は途中で挫折すると思ったはずだが彼は成し遂げた。**高齢者が役職についたり仕事をするのを老害だという若者たちには、悔しかったら高齢者を乗り越える仕事をしろと言おう。**まだまだ良い仕事ができる高齢者が物わかりよく退場して、未熟な若者にバトンタッチしていては、若者が鍛えられ成長する機会を奪うことになる。彼らが乗り越えるべき壁になろう。壁に鍛えられて若者は成長する。

70歳。「終わった人」にならない

エリートサラリーマンだった主人公が定年後、自分の社会的地位の喪失に戸惑う姿が多くの読者の共感を誘った『終わった人』（内館牧子著）、あるいは『定年後』（楠木新著）などに紹介されている事例を見て、高齢者はどのように過ごすべきか不安な人も多いだろう。『ライフシフト―100年時代の人生戦略』（リンダ・グラットン他著）はサラリーマンの人生設計を変えようと提言しているが、日本人の意識も制度も新しい環境に適応して変革しなければならない時代になったと肝に銘じておこう。

この時代に必要なたしなみとは何だろう。

私も若い頃には55歳の定年を迎えた人、ましてや70歳の人はいい年寄りで、もう引退して当然と思っていた。しかし、自分が歳を重ね60歳近くになると、残された時間はたっぷりあるのに仕事がないのはつらい。仕事をやめて毎日が日曜日になるとどうしよう、何をすればよいかわからないと不安と焦燥にかられた。それを防ぐには働き盛りの頃から、その日を見据えて準備と覚悟をすることである。

はっきりしているのは会社にもたれかかった人間、もっと正確に言うと、会社のなかで一応成功し会社から大事に扱われる人間になればなるほど、定年後に新しいスタートを切るのが難しくなることである。会社で定年間際になり役員や社長になると、秘書や部下が日程調整や事務連絡をしてくれる。新幹線はグリーン車、飛行機はビジネスクラス、専用車がついたりタクシー券が使える。そうした会社から大事にされる生活に慣れてしまうと、大事にされない環境で生きぬく力が衰え、会社のほかの世界で使い道のない人になってしまう。会社を離れたら誰からも大事にされないのは当然と考えておこう。

私は今でも、文部科学省に行くのもホテルの会合に行くのも、地下鉄とスニーカーである。理事長が地下鉄での移動ではカッコ悪いという人がいるが、大学のお金は学生の親が出してくださる納付金。ムダに使っては申しわけない。しかも歩くのは健康に良いし、地球環境にも良い。地下鉄を乗りこなせないようでは、一人で動けなくなる。例えば子どもたち家族と海外旅行に行こうとしたらエコノミーで十分。すると気軽に動けるし、子どもたちの自立心も育つ。

自分で日程調整や事務連絡をパソコンでできるかどうか。エクセルまで使いこなせとは言わないが、メールやワードなど最低限度のことは自分でできるかどうかが社会生活をするうえで大事である。定年後、自分でビジネスを始める場合の鉄則は、必要経費を抑えるため人件費を削ることである。そのためには自分でこまめに雑務をこなす。雑務を誰かに任せてふんぞり返っておれるような仕事は定年後にはまずない。偉そうに待っていてもお声はかからない。自分からメールを出し、手紙を出し、会合を設定し、コマメに顔を出さねば仕事はやってこない。

キーワードは「コマメ」である。話は違うが、アメリカやカナダの中流家庭で育った男性たちは企業で働いている頃から家庭でもコマメである。芝刈りをしたり、大工仕事をしたり、ペンキを塗ったり、料理を作ったり、子どもと遊んだりしてまめまめしく働く。日本の多くの男性のようにテレビの前でごろ寝というスタイルは見かけない。それは小さい時から受験勉強をせず母親の家事手伝いをした習慣だろうが、このコマメさが自立を可能とし、彼らが転職したり独立して自営業になったり、会社に頼らず自らの力で生きていける力の源になっているのではないか。

それに引き換え日本のサラリーマンは長時間労働で疲れ果てているということを差し引いても、少し悲しい。妻がしっかりしていると家事・育児・親類付き合い、子どもの教育は妻に任せきり、役割分担といえば聞こえはいいが実は自分一人では家で何もできない、粗大ゴミになっていく事態は自分で招いているのではないか。

「自分のことは自分でしましょう」「できることを人に任せているのは怠け者」、まるで子どもに言うようなスローガンだが、その習慣が組織

から外れた定年後に役に立つ。50代と言わず、40代、いや20代から、自分のことは自分でできる人になろう。**自分のできることを自分で行い、少しでも人の世話をするよう努めるのが70歳のたしなみである。**

新しい仕事を探さなくても高齢者雇用安定法によって、企業は定年延長か、定年後再雇用か、嘱託《しょくたく》か、65歳までの雇用者の雇用確保を義務付けられている。さらに２０２１年春には改正高齢者雇用安定法によって、企業は70歳までの就業機会確保の努力義務が定められた。しかし企業は、そうして雇用延長した社員の中での意欲と能力の差が大きく、どう処遇するか困惑している。中には、自分で文書作成一つできない、接客一つできないで窓際で新聞を読んでいる人もいる。このように持て余される社員にならないためにどうすればよいか。

理想は65歳まで元の会社に残らず60歳で、できれば60歳前に早期退職して転職、あるいは自分で小さなビジネスをスタートした方が良い。少しでも時期が早い方が、もう一仕事する気力と体力がある。しばらく休んで気力・体力をたくわえてからと思っていると、再スタートする気力がなくなりそのままになってしまう。**働き続けることが最大の若さの秘訣である。チャレンジし続けていれば、歳をとることを忘れる。**

高齢者自身が人に頼らず自分で何でもするのだという心意気を持ち、働き盛りの時期からその後の自立のための準備を心がける。会社から離れたらそのまま「終わった人」になるのでは哀しい。コマメに自分で動き、自分で自分の仕事をつくることである。

会社と妻（夫）をあてにせず、自分で生きていける力を持つのが高齢者のたしなみの基本である。

70歳。可愛いおばあちゃん願望は気持ち悪い

「私は

可愛いおばあちゃんになりたい」という女性は多い。しかし私は「可愛いおばあちゃん」というのは少し気持ち悪いと思っている。

高齢になったら若い人から憎まれるのではなく、無視されるのではなく、好かれて愛されるおばあちゃんになりたいということだろうが、可愛いおばあちゃんとは何者だろう。「わたしはね〜、かわいい服装をし

てぇ〜、人から嫌がられることは言わず、知ったかぶりをせず、言われたことに、へ〜そうなんだ〜、と感心し、みんなと仲良く群れてま〜す」というイメージだろうか。

外国の人からよく「日本の女性はなんで1オクターブ高い声を出すんだ。なんで若作りの服装をして、わざわざ幼稚な言葉遣いをするんだ」と不思議がられる。そういう時は私は「日本ではしっかりした女性や強い女性は恐れられてモテないんです。成熟した大人の女性より、若くて未熟で幼稚な女性を好む男性が多いと信じられています。だからそのように演じるのです。可愛いというのは日本社会での女性への褒め言葉です」と答えている。

女性だけではない。アメリカの大学生と日本の大学生を比べると、向こうは大人で日本はコドモ。その差は大きい。少なくとも彼らは大人のように発言し振る舞おうとする。日本の学生は幼げでモノを知らず、意見も言えない方が好感を持たれると信じ、そう振る舞っている。「意識高い系」は嫌われる。服装も子どもっぽい可愛いモノが愛されているし、ハローキティのような可愛いキャラクターが人気である。それが海外にも輸出されているのだから目くじらを立てることはないのだが、若い時からの可愛さ志向が高齢期になっても可愛いおばあちゃん願望に持ち越されているのだろうか。

若い女の子が可愛さを追求するのは男性にモテるためだとしても、高年齢の女性が可愛いおばあちゃんを願望するのはなぜだろう。誰に可愛いと思ってもらいたいのだろうか。

彼女たちの名誉のために言えば、決して70歳になって若い男性、力のある男性にモテようと戦略的に考えているわけではない。せいぜい周囲の人、若い男女に「あのおばあちゃん、可愛いところがあるよ」と言ってもらいたい、子どもや孫に「おばあちゃん可愛いね」と好かれたいというところであろう。可愛ければおごってもらえるとか、機会を与えられるとまで実益を考えているわけではない。

私は働く女性に、「良い子」ではなくリーダーにならなければいけないと提案している。素直に言われたことを言われたとおりにする「良い子」でいてはAIに負けてしまう。自分で考え責任のある役割を果たし、周囲に働きかけるリーダーになろうという趣旨である。可愛いおばあちゃん願望も、「良い子」の延長で考えられているのではなかろうか。何も言わない方が好かれる、何かすると嫌われると思い込んでしまわず、どうしたら感じよく話せるか、行動できるか考えてみよう。

可愛いおばあちゃん願望は、実は責任逃れである。自分の意志を貫いて責任をとるのを恐れ、人からよく思われたいと願う。

困難な目標ではあるが、女性は若い方が魅力的、女性は可愛がられるおばあちゃんになるのが幸せなんだと決めつけず、率直に疑問を呈し、自分の意見を言い、新しいことを面白がり、チャレンジする生き生きと魅力的なおばあちゃんを目指そう。

飛躍した連想かもしれないが、男性が威張りたがるのも女性の可愛さ願望と根は共通かもしれない。自分のありのままでなく、他人の目を気にするという点で。

自分は昔は偉かったのだぞ、ただの年寄りとばかにするな、という自尊心は誰の心のすみにでもあるが、それを表に出すのはたしなみがない。黄ばんだ名刺の肩書に「元」などと書き込んであると少し悲しい。

昔は昔、今は今、昔の栄光をふりまわさず高齢になっても今何をしている、こんなことにハマっている、これからこんなことをしたい、そうした若々しさを持った人は男性も女性もいつまでも魅力的である。無理に可愛く振る舞わなくても、無理に尊敬されようと威張らなくても、こうした「可愛げ」のある高齢者は魅力的である。男女とも今のままでいいんだと居直っていないで前向きにチャレンジし続けていればおのずと「可愛げ」が生まれ、おのずと尊敬される。**目指すは「可愛いおばあちゃん」より「可愛げのある高齢者」である。**

「いつまでも尊敬される老人になりたい」は可愛いおばあちゃん願望と同じく、他人の好意、好感や敬意を得たいと願っている、その姿勢がうっとうしいのである。

70歳。「何をしてもらうか」から「何をしてあげるか」へ

可愛

いおばあちゃん願望も尊敬されたい男性も、他人の目を気にするところは同じ、と述べた。他人の目を気にする心情の根底には、受け身の意識がある。しかし、いたわってもらう、親切にしてもらう、世話してもらう、声をかけてもらう、介護してもらう、席を譲ってもらう、それが高齢者の権利だ、若い者は高齢者をいたわる

べきだと思っていると、期待を裏切られることが多く、腹が立って心の健康に悪い。

先日も旅行からの帰り、重い荷物を持って小田急線の各駅停車に乗った。いつもは急行電車に乗るのだが、疲れているし、荷物もあるし、すいている各停にしようと思ったのである。うれしやシルバーシートには空席もあると座ろうとしたら、一瞬の差で、見目麗しい妙齢の女性に占拠されてしまった。エスコートしていたボーイフレンドと思しき若い男性が、私を遮り、彼女を座らせたのである。

「そこはシルバーシートだよ！　恥を知れ、恥を」と言いたいところをぐっとこらえて見渡せば、確かにそのカップルだけではなく、体育会系と思しき屈強な男性、学割定期券で乗っている男子高校生など、若い人々がシルバーシートに座っている。

高齢者である自分が座る権利があると思うと腹が立つが、「みんな私より疲れているんだ、高齢社会を支えていく先の長い若い皆様、休んでください」と思うように努めよう。高齢者を遮ってガールフレンドを座らせようとする男も男だが、お姫様よろしく彼が確保してくれた席にのうのうと座っている女も女。こんな時に、にっこり笑って「どうぞお座りください」と譲ればお互いにええカッコができるのに……とは思うが、それは私の価値観。お姫様は、自分はボーイフレンドになんて大事にされているんだろうと内心喜んでいるかもしれないのだ。高齢者は自分の価値観に固執しないで「へぇ〜、そうなんだ」と面白がろう。

フムフム、ガールフレンドに席を確保するのがイマドキの若い男のマナーなんだ、と発見した気になれば考現学の材料にもなる。歳をとったから自分が大事にされない、軽んじられていると怒っていると、せっかくの観察の機会を逃す。離見《りけん》の見《けん》、少し自分をつきはなし事態を客観的に見てみよう。自分の知らない、利害関係もないよその女性が気を悪くしていようと、疲れていようとガールフレンドを大事にするのがイマドキの男性のたしなみなんだと理解したうえで、たまーに席を譲ってくれる人がいたり、荷物を持ってくれる人がいると、普通にはないこと、珍しいことと、ありがたく感謝する気持ちになる。

話は違うが、娘は冷蔵庫においしい到来モノがあると、自分のもののような顔をして9割方持っていってしまう。もっと感謝してねと言いたいところだが、おいしいギフトをいただくのも、お福分けができるのもなんてうれしいことだろう、食べる前に幸せを十分味わわせてもらえた、そのうえ育児と仕事に頑張っている娘の応援ができると思えば腹は立たない。しかも私の食べる分は残しておいてくれるじゃないか。

家族や友人、若い人にモノをあげる、ごちそうしてあげて喜んでもらうと相手も喜ぶが自分が一番いい気持ち（幸せ）になっているのである。

私も自宅にいる時はできるだけ夕食を自分でつくって娘たちを招く。喜んで食べてくれる人がいるから買い物にも調理にも張り合いがある。新しいレシピに挑戦して腕をふるった料理を「おいしい」と言われると、何歳になっても舞い上がる。外でごちそうしても喜ばれればやっぱりうれしい。

70歳になったらごちそうしてくださる人がいなくなっていくのを寂しがらず、こちらがごちそうする立場になればいいのだ。最近ではそこそこの値段でおいしいものを食べさせてくれるお店も増えている。

小沢昭一さんの俳句に、「さあ集まれ　俺の稼ぎぞ　お年玉」というのがあった。俺の稼ぎ、でなくとも（貯金からだろうと）、自分が人に何かを与えることができると自信がわき、幸せになる。世話をして、相手が「余計なお世話」と言わず、「ありがとうございます」と言って感謝して受け取ってくれれば以《もっ》て瞑《めい》すべしである。

イスラム教ではまずしい同胞に寄付するのを喜捨《きしゃ》といい、受けた方は相手に善行の機会を与えたのだからとお礼を言わなくてもいいと聞く。イスラム教徒でない私たちも相手に与えることができること自体を喜び、感謝しなければならないのだ。お礼の言葉や感謝を期待するなんて以てのほか。

ケネディ大統領の有名な就任演説にあるではないか。「国が君のために何ができるかを問うのでなく、君が国のために何ができるかを問いたまえ」と。「国」のところを「若い者」にかえればそのまま私たち高齢者の自戒の言葉となる。

「若い者が君のために何ができるかを問うのでなく、君が若い者のために何ができるかを問いたまえ」と。

もう自分には仕事もなければ権力もお金もない、人に与えるものはない、と思わなくてもよい。「お先にどうぞ」とドアを押さえておく、若い人の努力成功を祝福してあげる、試合に負けた、試験で失敗した若い人を「がんばったね」と励ます、赤ちゃんが泣いて困っている母親に「子どもは泣くのが当たり前、元気でいいね」と言う、弱っている人の手を引いてあげる、そして親切にされたら「ありがとう」と感謝の言葉をかける、笑顔を見せる……、お金がなくても地位がなくても与えられることはたくさんある。

まずは不機嫌そうな顔つきでなく、上機嫌にしていよう。上機嫌に振る舞っているだけでも周囲に明るい気持ちを与えられる。**人を世話している人は、人の世話をしない人より18％長生きするそうだ。せっせと人の世話をしよう。**これぞ仏教でいう「無財の七施」の現代バージョンである。

70歳。この歳になったら何を言ってもいい?

歳をとるということは人情の機微がわかるということである。自分の経験から相手がこう言われたら困るだろう、これを言っちゃおしまいだよね、ということがわかったうえで、上手に話す。そうした人扱いができるのがたしなみのある高齢者である。

周囲に気を使わず、言いたいことを言うのが年寄りの特権だと思ったら大間違いである。

日本人は周りに気を使う。気兼ねしすぎて言いたいことも言えず、我慢に我慢を重ねてきた人が、「この歳になったら何を言っても良いのよ」とばかり、ずけずけ言い散らす放言居士になることがある。反動は怖い。「この歳になったら、人にどう思われてもいい」と開き直った人は確かに強い。しかし、強すぎて周囲は傷つきもてあます。

「あなたは学歴がないでしょう、だからそんなことも知らないのね」とか「太っているといくら高い服を着ても似合わないわね」など、本人もわかっているけど他人からは言われたくない「不都合な真実」をずけずけ言う。マンションの建てかえなどでも、理事会で一人、「皆さん誰もご意見はおっしゃいませんが、私は昔のままがいいです。変えるのは反対です。絶対嫌だから何を言われてもテコでも動きません」と言われると、話し合う余地もなくなり、対応に困ってしまう。

　みんな建前にとらわれて、自分の本音が言えない時にずばずば意見を言う人がいると、当事者でない外野のやじ馬は、自分のもやもやを代弁してくれるような気がして、スーッとする。担当者や責任者が困っているのを見るのも面白い。しかし、当事者の身にもなってほしいという悲鳴が聞こえるように思うのは私だけだろうか。相手の立場を配慮する大人として振る舞うのと、相手によく思われようと可愛いおばあちゃんを演ずるのとは違う。

　昔、私が公務員だった頃、他省の大臣だった女性が私に面と向かって「公務員の人って服装のセンスが悪いわね」とおっしゃった。全くそのとおりではあるが、お答えに詰まってしまったことがある。言ったご本人は忘れておられるだろうが、言われた方は覚えている。相手がどう思うか、想像しないで思ったこと、言いたいことを言う、というのは現役のうちは特別な人（変わった人？）だけである。しかし歳をとると子ども返りというか、ずけずけモノを言う人が増える。その時こそ黄信号である。

歳を重ねたら、何を言っても許される、というのは甘えである。何を言おうと、もう年寄りなんだから相手は許してくれるだろうと思って「ずけずけ」モノを言うのは子どもと同じである。歳をとったからこそ、相手の気持ちを想像して、どう表現すれば相手の気持ちを傷つけないで言うべきことを伝えるか工夫するのがたしなみというものである。

そういう工夫や気働きができなくなったら、たちまち老化が加速する。

70歳は、まだまだあと20年、ことによったら30年以上も人間社会で生きていかなければならない年齢である。言いたいことを言っているだけでは済まない。友人に対しても、たとえ真実でも（本当だからこそ）言ってはいけないことがある。人間誰でも人には言われたくない、本人としては気になっている失敗やコンプレックスがある。知っていてもそれに触れないのが人間としてのマナーであり、優しさである。私は自分では変えようのないこと、例えば、親の職業とか、自分の学歴とか（これはだいぶ社会人入学などでカバーできるようになってきたが）、容貌とか、体型とか、子どものできの悪さとかについて、今さら人からは指摘されたくない。自分の心の中で整理がついて自分で笑い話として言えるようになっても、まだ他人からは言われたくない（人間が未熟なのです）。

一例だが、私はここ数年体重が増え、心ひそかに悩んでいた。ところが先日、一人暮らしの80代のかたに到来モノの果物を届けたら「あら、太ったわね」と言いつのられて、すっかり落ちこんでしまった。そうした傷つける言葉を「歳だから」とばかりに相手の気持ちも想像しないでずけずけ言うようになってきた人とは、距離をおこう。

長年の友人だから何を言っても許されると思ったら大間違いである。長年の友人だって、友人だからこそ、言ってはいけないことがたくさんある。私たちが友人に期待するのは、ずけずけ欠点を指摘してくれる批判精神ではなくて、欠点や失敗を気にしないで受け入れてくれる温かさである。

家族も同様である。子どもたちは幼いうちは相手に配慮することができないのは仕方がないが、それでも10歳を過ぎたら親や他人に言って良いことと悪いことの区別を教えなければならない。誰に対しても、家族の間でも**「はげ」「ちび」「ばか」「ブス」などという醜い言葉は絶対、**

言ってはいけないと叩きこもう。それは社会人としての必修のたしなみである。

もう一つの鉄則は、配偶者に対してその親や兄弟のことをずけずけ言わないということ。こちらは暴言のつもりはなく、何気なく事実をありのまま言っているつもりでも相手を傷つける。「お義兄《にい》さんは、だらしないのよね」「お義父《とう》さんは、教育を受けていないから」と一度自分の口から出た言葉は決して取り返すことはできない。**配偶者ももともと他人、いろんな欠点も承知のうえで結婚した以上、その欠点を抉《えぐ》り出すような言葉はたとえ何年結婚していたとしても、その関係を破壊してしまうと肝に銘じておこう。**

相手の楽しんでいる趣味、相手の属しているグループ、相手の仕事に対しても、ずけずけ思ったままを言うのは厳禁である。

歳をとり自分の言葉がどれほど相手を傷つけるかは想像できなくなっても、他人の言葉で傷つく柔らかい急所はどれだけ歳をとろうとそのままであることを忘れてはいけない。言葉はするどい剣であり、人の心をグサッと傷つける。

このように言うと、配偶者や友人とも気をつかわなければならないなんて、人間関係は難しくて疲れてしまうという声があるかもしれない。そのとおり。人間関係はこわれもの、大事に扱わないとすぐこわれる。それが面倒になったら引退である。

だから夫婦仲良く暮らそうと思うならば上機嫌に振る舞い、できるだけずけずけ言わないように心がける。友人と仲良くし続けるには相手に遠慮し、距離感を大事に礼儀を守る。それが高齢者のたしなみである。

70歳。過去にはこだわらない

有料老人ホームで評判が悪いのは大企業の役員クラスだった男性だそうである（ほかにも評判の悪い職歴はあるが……）。先日もあるホームのラウンジで日経新聞を読んでいた80代と思しき老紳士が、職員に「今日の予定は何だね」と部下に対するように偉そうに聞いていた。職員も心得たもので「はい、1時にお食事、5時に入浴の予定でございます」と答えている。そのやり取りからはそこはかとなく「俺様は偉かったのだぞ、お前たちはそれを知っておるか」と言外の意思が伝わってくる。

しかし人様のことを笑ってばかりはおれない。自分も誇りにしている過去の経歴、過去の業績、過去の苦労、自分にとってかけがえのない歴史でも、それは自分以外の人にとって何の意味もないと覚悟しなければならない。10年昔の出来事は自分にとってはつい先頃の話なのに、人はまったく覚えていてくれないのが普通である。

私も2006年に出版して、たくさんのかたに読んでもらえた『女性の品格』を書けたのはひそやかな誇りであるが、それはもう過去の話。今や忘れられても当然と覚悟している。

確かに自分の「過去の栄光」を覚えてくれている人が少ないのは寂し

いが、自分の過去の失敗、愚行(!)を覚えている人も少ないのはホッとする。物事は光と影の表裏、要するに自分のことは他のすべての人にとって他人事なのである。自分がこだわっている過去がほかの人には大して意味もないのだとわかると、少し気が楽になる。

あまり有名でない大学の卒業生であること、職場で中傷されて悪評が立ってしまったこと、仕事をしくじって左遷されたこと、上司から理不尽な扱いを受けたこと、すべての人にとっては「関係がない」「どうでもいい」ことなのである。まれには「あの人、実は……」なんてうわさをする嫌なヤツがいるが、それによってうわさが広がっても実害はほとんどない。そんなうわさは放っておけばいい。気にしているのは自分だけなんだと思うと、気にしている自分がばかばかしくなる。

70年も生きていると、失敗や悪いこともあって当然、いちいち覚えて

おれるものか、と自分から言ってしまってはおしまいだが、内心はそれくらいに思っていた方が精神衛生上は良い。

長く政治家をしている人は、前言を翻《ひるがえ》したり公約が守れなかったことにケロッとしていたり、対立していた相手と手を結んだり、驚かされることが多々あるが、いちいち他人がどう思うか気にしていては政治家は務まらないのであろう。

私たち凡人はとても政治家の真似はできないが、そのずぶとさと過去を「忘れる能力」「気にしない能力」は少しは見習うべきである（もちろん自分のできる範囲で）。

自分の過去をクヨクヨ気にしているのは自分だけという事実に気が付くだけでも、気が楽になる。同時に自分の将来を本気で心配してくれる人なんていないというのも厳然たる事実である。「将来、認知症になったらどうしよう」(そんなこと知ったこっちゃない、私に何をしてほしいというんだ!)、「子どもが頼りなくて将来介護をちゃんとやってくれるかしら」(あんたの育て方が悪かったのでしょ。私には責任ない)、「夫ときたら自分勝手で妻なんて家政婦みたいに思っているの」(離婚しなかったのはあんたでしょ。今からでも遅くないよ)、と未来の不安を言っても相手は( )のように思うのが関の山である。

「やっぱり人間て孤独ね、寂しいわ」と悲観的になってはいけない。「自分の将来は自分が決めれば良いのだ、何をしてもほかの人には他人事なんだ」と達観すれば、解放された自由の境地に立つことができる。

「こんなことすると変な人と思われるのではないかしら」「今さら経験のないことに手を出して失敗するのは恥ずかしい」と本人は大いに気にしていても、実は誰も本気では気にしていないのだ。どんな服装をしていようが、どんな失敗をしでかそうが、陰口を言う人はもちろんいる。しかしその人たちの気に入るように努めて「忖度《そんたく》」していてもご褒美をくれるわけではない。ましてや尊敬されるわけではない。若い時には勤務上、社会生活上、周囲に合わせて行動しなければならないが、70歳にもなれば、他人を気にするより自分で考え責任を持って行動すれば良い。その境地に入ると自由になる。これを達観と言う。過去やいきがかりにこだわらず、とらわれず、広く自由に考えることである。

私自身、ソツなく立ち回ってきたわけではないし、いろいろドジもしている。私を嫉《ねた》んでいる人、ばかにしている人、嫌っている人もいるだろう。でも一人一人を訪ねて言い訳して回るわけにはいかないから、「しょうがない」と受け入れるのが精神衛生上、一番である。「鈍感力」

なのかもしれないが、他人の過去にも自分の過去にもこだわらないのが高齢者のたしなみである。**気にすべきは過去でなく、これからの日々で有言実行し約束を守ることである。**

70歳。気を張る機会をつくる

昔、母が「お嫁さんが来ると姑に嫁力《ヨメヂカラ》がつく」と言っていた。

ヨメヂカラとは何か。

3世代同居の時代の話だが、長男にお嫁さんを迎えるとお姑さんがしゃきっとするという現象である。家族の中にお嫁さんという他人が来る、そのお嫁さんに敬意を払われしっかり家に溶け込んでもらうには姑たるもの、ぼんやりしておれないと気を張ることで、体調もよくなり、活力がわいてくるということだ。

現代では家庭に家族以外の人がいて生活を共にするということがほとんどない。しかし昔は一つ屋根の下でお嫁さんとお舅さん、時には小姑やお手伝いさんもいて、家の中でもだらしない生活はできなかった。個室も十分確保されず、寝る時も大きな部屋で何人かがフトンを並べて一緒に寝た。

食事はもちろんみんな揃って食べる。お祭りや法事には親類が何人も来るのをもてなす。**お姑さんにとっても、お嫁さんにとっても家庭はプライベートなくつろぎの場ではなくパブリックな場で、しっかり振る舞い、働いて「いいところ」を見せる職場でもあった。**

しかし20世紀後半の経済成長の時代、都市化が進みいつの間にか大家族は核家族に分解し、さらに家庭の中で子どもも夫婦もそれぞれの部屋を持ち、お客が来て泊まることもなくなり、他人が家庭に来て食事を共にすることもほとんどなくなった。家全体が個室ならぬ個家になったのである。

今の70歳以下はそうした生活が当たり前と思っている。自宅はすべてプライベートな空間、職場や公共の場はパブリックな空間。したがって退職して家にいると、プライベートな場だけで生活することになり、気を張る時間も空間もなくなり、ともすれば一年中だらしない態度や服装で過ごすことになる。

「歳をとったのだから、気を張らず、気楽に暮らしたい」と願う人は多い。とりわけ組織の中で長年サラリーマンとして働いてきた男性は周囲に気を使うことに疲れ果てているのだろう。日本のサラリーマンは頭や体を使うより気を使うことで疲れている。だから「引退したら気を使わずのびのびと」と願うのだろうが、それだけではふやけてしまう。嫁力のついたお姑さんのように、気を張って新しい相手と接し、この家の良いところを見せよう、嫁の実家の母親と比べてばかにされないようにしようと気を張ることが必要だ。60代、70代はその気の張りがないと、どんどんたるんで衰えていく。

とはいえ今どき子ども夫婦と同居することは少なくなっているから、自分で居心地の良い家庭から気の張る外のパブリック空間に踏み出さなければならない。立派な人ならば、家庭で一人でいる時でもきちんと気を張って生活できるが、凡人は一人でいると、ついだらしない生活態度になってしまうからである。「小人閑居して不善をなす」と言うとおりである。閑居しても、きちんと生活できる人は聖人君子である。

だから凡人は先にも述べたキョウヨウ（今日は用がある）とキョウイ

ク（今日は行くところがある）がある生活が大切なのだ。高齢者こそ必ず約束を守る、予定の時間より早く行く、頼みごとを引き受ける心がけを自分に課す。「心がけ」だけでなく、仕事がある、役割がある、やらなければならない義務があるという「仕組み」をつくることが高齢生活にメリハリを与える。

パートでもよいから時間の決まった仕事につく、団体でも役職につく、締め切りをセットする、というようにさぼれない立場に自分を追い込むことだ。自分がやらないと周りに迷惑をかけるような仕組みをつくると動かざるを得ない。105歳まで見事に生きられた日野原重明さんは講演でも対談でもどんどん引き受け、自分を追いこみ、のんびり過ごす時間を少なくするよう努めておられたそうである。過労死は体力に任せて働ける中年まで、働きすぎる前に疲れてしまう高齢者に働きすぎて死ぬ人はいないそうである。

歳をとったら気を使わず、気ままに過ごすと言っている人は、気の張りをなくし、心も体もたるんでいってしまう。

さあ、しゃっきり気を張って明日何をするか予定をつくろう。

第3章

あなたにできることはたくさんある

70歳。「私への挑戦」を新たに始める

私の

大学時代からの友人のMさんは、カナダ人の男性と結婚してオタワ郊外に住んでいる。娘さんも成長して親元を離れ、夫婦2人で広い家に美しく住んでいる。その彼女がシリアからの難民の4人の男性を1年間ホームステイさせ、自立を助けた。独立した娘さんの部屋を提供するだけでなく、食事も一緒に家族のように暮らしたという。

まだ会ったこともない男性を支援団体から紹介されたが、英語もあまり話せない、イスラム教の国で育ったから価値観も違う、食事やトイレや入浴の生活習慣も違う、そんな20代の4人の若い男性と一緒に暮らすというから驚いた。

「大変ね、だいじょうぶ?」と心配する私に彼女は「正直私も心配なことはたくさんあるし、やれるかどうか自信はないの。でもこれは自分の限界へのチャャレンジなの。できないとはじめからあきらめるのではなく、どこまでできるか私へのチャレンジなの」と言った。

「私へのチャレンジ」か、いい言葉だなと感心する。70歳にもなると「自分はこういう人」と決めつけて、その範囲で過ごそうとしがちである。そういう「ちんまりまとまろう」とする自分に挑戦して、まだやったことのないこと、自分の限界に挑戦する。この心意気があれば長生きは人生を豊かにする。

私は75歳と80歳でもエベレストに登頂した三浦雄一郎さんの挑戦には心から感心し、自分にはできないけれど偉いなあと思う。歌人の馬場あき子さんは95歳を越えてますます艶やかな歌をよんでおられる。

このほかにも2017年5月に98歳で亡くなられた元神田外語大学学長の井上和子さんは40歳を過ぎてミシガン大学に留学し、その後国際基督教大学（ICU）や津田塾大学で教え、定年後神田外語大学に移り、学長を務められた。その後も津田塾大学の同窓会から分かれた財団法人津田塾会の理事長として千駄ヶ谷の同窓会の所有地を大学に寄付する大仕事を成し遂げられた。

小説家の佐藤愛子さんは90歳を過ぎてミリオンセラーを出され、評論家の樋口恵子さんも90歳にして現役の身の上相談担当者として、ベストセラーを書いてご活躍中である。2023年1月に89歳で亡くなった槇佐知子さんは『医心方』という古書を解読し、それをユネスコ「世界の記憶」に登録しようと晩年まで活動されていた。81歳で「hinadan（ひな壇）」というiPhoneアプリを開発した若宮正子さんは、高卒で就職した銀行を勤め上げて退職後、パソコンを始めた。2018年に国連本部で「シニアの社会参加にこそITが必要」と講演した。

しかし改めて身の回りを眺めれば、シニアで新しいことに挑戦している人も多い。Mさんのように1年間のホームステイは無理でも留学生の一晩のホームビジットは受け入れることができるのではないか。1週間のホームステイなら可能かもしれない。

Mさんが難民の男性の自立を助けようと思ったのは、自分自身が日本からカナダに来て、未知の国で多くの人や制度に助けられて暮らしてきたからだという。会ったこともない人も含めていろんな人にお世話になって、この生活をしているのだから、その恩返しでもあるそうだ。私だって日本の中で多くの人の好意、手を差し伸べてくださった方々に助けられて今日まで生きてきているのに十分なお返しをしていない。自分が若い人に何をしてあげるか、何かできることがあるのではないか。今までボランティアめいたことはしてこなかったから、無理だとあきらめてしまうのではなく、「自分への挑戦だ」と思ってしたことのないことをするのは自分の可能性を広げる。何よりも自分に目標を与えるし、社会にも役に立つ。

「頼まれごとはためされごと」という良い言葉もある。「何かこの役をしてほしい」と頼まれたら、それは自分の限界をためされているのだ。

何かの役を頼まれても「歳だから、能力がないから無理です」と断るのではなく「できるかどうかためされているのだ」と考えて、積極的に引き受ける。それによって自分の限界が広がっていく。頼まれごとも自分にチャレンジする機会が与えられていると感謝しよう。

若い人を助けるだけでなく高齢者を助けるのも悪くない。高齢社会で介護の需要が増えるのに、介護に従事する人は足りない。日本の社会全体の問題であるだけでなく自分の将来の課題である。「自分への挑戦」として介護の仕事をボランティアとして手伝うのもいいかもしれない。若い人より年齢の近い高齢者の方が気持ちに寄り添えるだろう。自分が将来介護を受ける立場になった時にどうすれば介護する人の負担を軽くできるか、心がけも学べる。

自分は長生きしたのだから他人に迷惑さえかけなければ何をしてもい

いのだ、「自分らしく」何もせず人の世話もせず仕事もせず好き勝手に生きるのが高齢者の特権だ、と思うのはやめよう。年金も医療費も自分たちが納めた金額以上の税金によって支えられているのだ。少しでも社会の役に立ちたいと行動する高齢者が増えるか、もっと高齢者を大事にしろ、手厚い給付を行うべきだと要求する高齢者が増えるかで、高齢社会の風景は変わってくる。

70歳。大学院で勉強の楽しさを知る

今でも忘れがたい人がいる。私が公務員をやめ、大学に移って教えはじめて間もなく大学院に入学してこられたMさん（男性）は当時68歳だった。大学を卒業して大企業に就職し、企業戦士として働き、アメリカの子会社の社長も務めたという。退職してから親しい人に頼まれて小さな会社の顧問のような仕事をしているが、週2、3日出勤すればよいという身分である。私のゼミをとった理由は、アメリカでは女性たちが生き生きと活躍し、重要な地位についているのに日本では少ない。なぜこんなに違うのか、その理由を知りたいということだった。

私のゼミでも「ほう、そうなんですか、知らなかった」と女性をめぐるいろいろな課題、歴史的経緯、法律ができた経緯などに新鮮な反応をしてくださるので、こちらも教えがいがあった。昭和女子大学は女子大で学部は女子学生だけだが、大学院は男性でも入ることができる。その時のゼミ仲間は40代、50代の社会人女性が多く、Mさんは唯一の男性として、最年長者として頼られ、彼女らの人生相談に乗り、また勉強の面では助け合って大学院生活をエンジョイしていた。だいぶ苦労して修士論文を書き上げた時はよくやった、よくやったとみんなで祝福した。

ところが驚いたことにMさんは「勉強がこんなに面白いとは思わなか

った、ぜひ博士課程にまで行きたい」と表明。71歳であった。さあ本当に博士論文が書けるだろうか、修士論文とは要求されるレベルが違う、誰が指導するのだ、私は学長になってしまったから、ほかの教授に指導を頼まなければ……とこちらもあたふたしながら「とにかく長期戦で臨みましょう」とMさんは博士課程に進学した。1年余り、相変わらず熱心に勉強をしていた。たまに会うと少しやせてきたなと思っているうちに姿が見えなくなった。次にうわさを聞いた時はもうがんがだいぶ進行しているということで、しばらくしてから訃報が届いた。

教会で行われたお葬式には同級生だった女性、指導した教員たちがこぞって出席して、昔勤めていた企業のかたや古くからのご友人よりも多く、参列者の中でも目立っていた。以下は奥様からいただいたお手紙の一部である。

「いつも主人は転勤のたびに先に単身赴任して新しい勤務地がどんなに魅力的であったか語り、みんなで行こうと勧めてくれました。今度もまたしばらくすると、新しい勤務地がいいところだよと言ってきてくれるような気がします。（中略）大学院に入学してからは、その日に知ったこと学んだことを楽しそうに話題にしていました。若い同級生のかたたちとの交流も楽しかったようですが、先生たちもこんな研究をされたんだ、こんな立派なかたがいるんだと報告してくれていました。たくさんのかたたちが葬儀に参列してくださり、主人は大学院に確かな場所を得ていたことを実感できました」

ということだった。

Mさんのように若い頃から新しい境遇を楽しむ能力のあるかただった

からこそと思うが、大学院に自分の居場所を見つけ、まったく今までかかわりのなかったテーマについて学ぶのは70代の高齢者にとって大きな楽しみである。

若い頃は勉強が嫌いだった人でも、時間がたってから知りたいことを知る勉強は楽しい。

昔学んだこと、仕事の上でかかわってきたテーマについて改めて体系的に学ぶのもいいが、楽しみとしてまったく自分の知らない分野のことを若い先生から学ぶのも「自分へのチャレンジ」である。

授業料は安くはないが、それに見合うだけのメリットは確実に得られる。勉強するだけならインターネット大学も放送大学もあるが、毎日通学するところがある、同級生がいる、身分証明書がある、図書館などの施設を利用することができる大学院という学び場は70代には魅力的な場である。ぜひ70代を楽しく過ごす選択肢として大学院を考慮してほしい。

アメリカでも人気のシニア・コミュニティは大学のそばに立地し、大学の授業に出席できる、大学の施設を利用できる、若い学生と触れ合うことができることを売り物にしているそうである。自宅のそばにある大学をぜひ活用してみよう。

70歳。褒める力で若者や社会を変える

人に

認められたい、褒められたいというのは人間の根源的な欲求の一つである。子どもは母親に「見て見て」と、運動や勉強やお手伝いなど自分が頑張った成果を見せ、褒めてもらおうとする。大人は子どもほどには自分の気持ちを素直に表現しないが、皆、心の底では自分の頑張りを認めてほしい、犠牲を払っていることを知ってほしい、そして成果を褒めてほしいと願っている。

歳をとって70歳になろうが80歳になろうが、誰でも自分の努力を認められたり、感謝されるとうれしい。それなら自分が褒められるのを願っているだけでなく、自分がしてほしいこと、言ってほしいことをほかの人に行い言えば好かれる高齢者になるのは確実である。己れの欲せざることを人に施すなかれの逆である。

日本では巧言令色鮮し仁《こうげんれいしょくすくなしじん》、おしゃべりな人に人格者は少ないと思われている。別に若い人におべんちゃらを言う必要はない、相手に取り入る必要もないと、仏頂面をしている高齢者が多いが、それでは孤立する一方。今さらこんな年寄りに褒められてうれしくもないだろうと勝手に決め込まず、若い人が「良い活動をしている」「良いことを言った」「頑張っている」と気が付いたら率直に褒める。心にもないことを言う必要はないが、良いと思ったら遠慮せずに褒める。誰にでもあてはまるような通り一遍の褒め言葉は空々しいが、率直に表現した具体的な褒め言葉は相手の心に届く。

具体的に褒めるためには相手に関心を持たねばならない。誰の目にも明らかなその人の学歴や肩書を褒めたり、美人に美人だねと褒めても心に届かない。「それがどうした、また言っている」でおしまい。学歴や美貌ではなく、心配りができるとか、資格を取るための努力などを褒めてあげる。みんなが忘れている昔の業績や苦労を褒められる（これは高齢者の特技）と相手はうれしい。

自分の妻や娘あるいは女性部下にも「きれいに掃除してくれるので気持ちがいいよ」「子育てが大変なのにおいしい食事の用意、ありがとう」と具体的に褒める。多くの女性は縁の下の力持ち的な根気のいる仕事、成果が目に見えにくい仕事をしているので、努力に気が付いてもらい認められるとうれしい。ワーキングマザーとして子育て中の娘にも「あなただから頑張れたのね」「私も誇らしく思うわ」と褒めると親子関係が良くなる。

男性サラリーマンも口には出さないが、「これを成し遂げるのは大変だったろう」「乏しい陣容でよくやった」「あなたがいなかったらできなかった」と年長者から褒められるのはうれしい。自分が昔、先輩にどう言ってほしかったか、思い出せばどう言うべきか明らかである。「何も問題が起きないで成果が出ている仕事の陰には一生懸命支えている人がいるんだよね」と、目立たない苦労を褒めてあげよう。

私の周囲の高齢者でも若い人からモテる、例えばボランティア団体の理事になってくれとか、委員になってくれとかいろいろな役職への声がかかる高齢者は、特別に頭のいい人でもなければ超人的な能力のある人でもない。もちろんいつも不機嫌で怖い人、ずけずけ批判する人ではなく、上手に褒めることのできる人だ。

報告の場でも真っ先に「担当者はよく頑張った」「ここが良くなっている」と発言してくれる高齢者は感謝される。周囲に対して「まだ力不足だけど一生懸命やっているじゃないか」「けなげに頑張っている」「ここを伸ばしてやりたい」「自分のいいところに気が付くといい」など、そういう若い人を育てるつもりで褒め言葉を惜しまない高齢者は、若い人の応援団として頼られる。

高齢者自身も「最近の若い者はナットラン、このままでは日本国の先が思いやられる」と世を憂《うれ》いてばかりいると悲観的で暗い気持ちになる。

その中でなんとか見込みのありそうな若者を見つけ、褒めて伸ばす。苦境の中で責任を果たしている中年の苦労を理解してねぎらってあげる。理解してもらえると彼らは元気になり、もっと頑張ろうという気持ちになる。

権力がなくても、ポストがなくても、人事権がなくても、お金がなくても、高齢者は褒め言葉で社会や若者を少しだけ変えることができる。

70歳。ちょこっとボランティアのススメ

人間というのは本来、利他的な存在である。人類の先祖も仲間と信頼し合い協力し合ったからこそ、厳しい環境を生きのび今日の繁栄を築いたといわれる。そのDNAは私たちにも引きつがれており、お金にはならなくても困っている人の役に立ったり、感謝されるとうれしくなる。阪神・淡路大震災の時、東日本大震災の時、平成30年7月豪雨の時、その他、次々に襲い来る災害の時、多くの人々が

何とか困っている人の役に立とうとボランティアとして駆け付けた。老後の経済不安が喧伝《けんでん》されると、ボランティアなどしていないで少しでも働いて貯金を殖やさなければという気持ちになるが、お金のためではない活動が大きな喜びと生活の充実をもたらす。

自分が下流老人になるのを心配して蓄財に励んでいる人には縁遠いかもしれないが、自分の人生を意義あるものにしたいと願うのは中流の特徴であり、そういう人が増えるのが豊かな社会というものだ。

前にあげたように身の上相談でも、「特に不満はないが、生きる張り合いがない」という60代、70代の人の相談が増えている。私もある時、美容師さんが長い間営業していた店をたたんだ後、空しくてたまらないという嘆きの人生相談に、高齢者福祉施設でボランティアとして髪を整えてあげてはどうかと提案したことがある。

私はアメリカに単身留学した時に親切なメアリーに世話をされたことを、今でも感謝しきれない思いでいる。当時彼女は70歳だったが毎週末、寮に車で迎えに来て、近郊をドライブしてくれた。決してゆとりのある暮らしではない中で、毎週家族と一緒に手作りの料理、デザートを食べさせてくれ、アメリカの日常生活でわからないこと困ったことの相談に乗って支えてくれた。

メアリーによってアメリカの善意、市民社会の底力に触れたように思っている。

もちろんボランティアは強制されて行うものではないから、自分が関心を持っている分野で自分の得意なことを、負担にならない範囲で行うので十分である。ちょこっとボランティアと言えようか。歳を重ねていると、津波や洪水の後始末のような肉体労働はできなくても、高齢者の話し相手など何か役に立つことはある。

例えば日本には親の虐待や貧困が原因で社会が養育してあげなければならない立場の子どもが約5万人いる。その多くは児童養護施設で養育されているが、家庭的養護の方が子どもたちの発育には望ましいと言われている。里親になれば一応15～18万円が支給されるが、お金のためでなく、子どもたちの成長を助けてあげたいと善意を持つ高齢者の参加がもっと増えればよいと思う。

私は、ある50代の女性が不妊治療を続けてきたが、うまくいかずあきらめたという話を聞いて、彼女にぜひ里親を引き受けてほしいとお願いし、実現したことがある。養子となると親権とか、相続とか、法律上の問題が出てくるが、里親は子どもを可愛がって育てたいという人にはピッタリのボランティアである。幸い2018年10月から東京都は里親の条件をゆるめ、年齢制限を撤廃し、独身の人も可能としている。

料理の好きな人は今注目されている子ども食堂を運営しても良い。週に1日だけでも、家庭料理を必要としている人に提供する。あるいは国際交流に関心があれば、日本に来ている留学生に月に1回、いや年に1回でも夕食のホームビジットを引き受けるのも良い。私の好みはたくさんの人を一度に招くより、私がメアリーに世話になったように1対1の方が近しくなれて好きである。

私の中学の同級生は、昔の職場の先輩で妻を亡くし一人暮らしになっている男性に時々食事を届けている。届けたついでに少し話し相手をしたり、電球を替えてあげたり、「ちょっとした世話をしてあげると喜んでもらえるのでうれしい」と楽しんでいる。一人暮らしをする高齢者が増える中でちょっとした手助けが心の支えになる。70代の出番である。

ＮＰＯ団体で事務を手伝う、施設で仕事を分担する、塾に行けない子どもたちの勉強を見てあげる。元気な高齢者がやるべきこと、やれることはたくさんたくさんある。社会の課題の解決に大々的に取り組み、根本的に変革するのは難しくともちょこっと手助けすることはできる。

自分が世話を受けると、自分も何かしなければという気持ちになる。私も世話をしてくれたメアリーには恩返しができなかったが、彼女は「できる時に、できることを必要としている人にしてあげて。私に返す必要はないから」と言っていた。恩返しならぬ恩送りである。**世話になった人に必ず恩返しをしなければと思うと負担になるが、「恩送りでもいいのだ」と視点を変えると気が楽になる。**

残念ながらいつまでたっても時間と気持ちのゆとりはないので十分なことはできないが、寄付なんて大金持ちがするもので、ママなんかがするのはおこがましいんじゃないの、と娘に冷やかされながらも、ベトナムに小学校の校舎を寄付したのもちょこっとした恩送りのつもりである。

70歳。良いお節介、悪いお節介がある

お節介というと普通は余計なこととして非難される。年寄りがうるさいことを言うな、おとなしく引っ込んでいればいいんだ、今は役に立たない昔の経験を振りかざさないで、と言われる。何もしない方が、言わない方が可愛い高齢者と考える人も多い。しかしそれは悪いお節介だからで、良いお節介なら感謝される。どんどん良いお節介をしよう。

では、良いお節介と、悪いお節介はどこが違うのか。

自分では好意で良かれと思ってしたことでも、相手が必要としていないこと、困っていないことをしたら余計なことと思われ、迷惑がられるだけである。お返しやお礼を期待されているとさらに煩わしい。ましてや自分の過去の経験を押し付けたり、昔の常識に基づいた意見を言っても煙たがられるだけである。例えば息子夫婦は、「育児は夫婦で助け合ってしよう」と話し合っているのに、「男の人は仕事に全力投球しなければならないのだから私が手伝うわ」などと母親がしゃしゃり出たら「余計なお世話」で「悪いお節介」である。

それに対して**相手が本当に困っていること、必要なのに手が回らなくてできないことをしてあげるのが「良いお節介」である。**例えば、普段は夫婦で送り迎えをして保育園に通っている子どもが病気になって、夫婦どちらも休みが取れない時は引き受けるわよと申し出る。夫の介護で自分の趣味の集まりにも行けない近所の人に、週に半日だけ介護を手伝ってあげると申し出る。いつも帰りが夜遅くて宅配便を受け取れない、書留を受け取れないという人の代わりに受け取る、自治会の集まりに代理で出てあげる、必要な補助や援助を受けるため役所への書類を提出したり、子どもの学校などに提出する書類を整えてあげたり、などというお節介は感謝される。もちろん申し出ても相手が「必要でない」と言えばあっさり引きさがる。

　それでは、どうしたら良いお節介をすることができるか。答えは単純で相手に対し関心を持ち、観察することである。そのうえで相手の意向を聞く。人には差があって、生まれつき勘が良くてすぐに相手の気持ちを読むことのできる人もいるが、多くの人は相手の状況を見て、考えて、聞いて、初めて相手のニーズがわかる。以心伝心なんて上級レベルなので、初心者にはムリである。

職場で上司や顧客の気持ちを読む訓練をしてきた人ならそれが容易なはずであるが、仕事の上ではそんな努力ができた人も退職してしまうと「面倒くさい」「もう引退したから今は誰にも気を使わなくてもいいんだ」ということになりがちである。それは心の老化であり、そのままにしていると孤立化する。**相手が何を必要としているか考え、自分でできることを積極的に買って出るのが良いお節介をする基本である。そして相手の意向を聞いてから実行する。**

ボランティアも考えてみれば広い意味での良いお節介である。良かれと思って頼まれなくとも世話を買って出る、介護施設で毎週半日手伝う、養護施設で暮らす子どもたちにホームステイを申し出る。外国人労働者の家族に日本語を教える、そうした活動のニーズは身近にたくさんある。いたましい児童虐待死のニュースに接するたび、近所の人がもう少しお節介できなかったかと思う。

まずは身近な子どもの家族、姪や甥やいとこ、あるいはご近所に、そうした助けを必要としている人がいないか、見回してみよう。なにが自分にできるか、できなくてもアドバイスできることはないか、感じよくアドバイスを伝えるにはどうすればいいか、考えていると脳細胞も活性化してくる。

70歳。今こそおしゃれを

10代、20代の若者は男女とも贅肉はなく、肌はみずみずしく成長のエネルギーに満ちているから、よれよれのTシャツにすりきれたジーパンでも結構さまになる。まだ自分の特徴をつかめず似合わない流行のファッションを身につけていてもけなげに頑張っているなとほほえましい。30代から50代は経験を積み成熟した男盛り、女盛りで、それぞれ社会的役割にふさわしい服装をし、身だしなみができるようになる（そうでない人もいるが）。

しかし60代になり、70代になってくると、自然のままでは肌はハリをなくし、シミやしわも出てくる。髪も乏しくなり白髪も増える。ありのままの自然に任せていては醜くなるのが残酷な現実である。そこでおしゃれである。しわを取りシミを消す美容外科やアンチエイジングの化粧品も大流行だが、そこまで頑張らなくとも身だしなみ、服装に気を付けるかどうかがポイントである。

50、60代までは質の良いものを長く着ているのが品格あるおしゃれだが、70歳を過ぎたら意識して新しいものを着よう。ドレスやスーツを毎年新調するのが難しくても、せめてスカートやセーターは1年に1着は新調する。インナーやシャツは新しいものを買い、くたびれたTシャツや黄ばんだブラウス、シミのついたスーツは処分する。

髪を染めると、受ける感じはガラッと異なる。豊かでつやがあれば輝くような白髪も素敵だが、そうでない大部分の人は染めた方が若々しく見える。女性は白髪になったのを幸い、紫や青、時には茶色や金髪まで色を楽しんでいる人もいるが、男性はまだそこまで頑張る人は少ないので、黒かダークブラウンに染める。ところが60歳までの現役の頃は髪を染めている男性でもリタイアすると大体染めなくなる。グレイヘアはおしゃれな人ならすてきだが、年寄りに見える人が多い。

歳をとり、手入れを怠ると、鏡の中の御仁《ごじん》はどこのじーさん、ばーさんかと我とわが姿に愕然とする。そこで、**これではならじと頑張るか、歳だからしかたないとあきらめてしまうかが、その後の人生の「見た目」を決める。**「見た目」だけではなしに心の持ちようも決める。

「これではならじ組」は髪を染め、時にはウィッグを買い、外見を整えようとする。女性ならそれにメーキャップの一つもすれば「まだ捨てたものではない」と自分で自分が励まされる。外見を整えるのは周囲のためでなく、自分のためである。今さら70の女性に心をときめかせてくれる人がいるはずがなくても、だ(もちろん岸惠子さんのようなかたは別格だが)。それより、自分も少しは見られる状態にあるか、まだまだ5歳は若く見られるだろうと自己満足し自己評価を上げるためである。

私の長年の友人のIさんは90歳だが、ウィッグを活用し、アイライン、アイシャドウのメーキャップを決め、爪はネイルアートで飾り、目いっぱいおしゃれを楽しんでいる。彼女から「もっとおしゃれをしなくちゃだめよ」と怒られている私が言うのもなんだが、**歳をとってからのおしゃれは女性を生き生きとさせ、美しくする。また手をかけないと、いた**

ましくて見ていられない。見た目は無形資産である。『Madame Chic Paris Snap 大人のシックはパリにある』という写真集には磨きぬかれたおしゃれを楽しむパリのシニア女性たちが紹介されている。自分の好み、センスを確立し、流行に惑わされない自分のスタイルを楽しむ女性たちはほれぼれするほど魅力的である。

男性の場合、シニア向けメーキャップ用品はまだ十分提供されていないが、私はこれは大きい潜在マーケットだと思う。化粧品会社のターゲットは今や20代、30代の女性ではない。経済力と需要の大きい40代以上の成熟肌、さらには70歳を超えた団塊の世代の女性である。しかしあまりにも競合が多く過当競争になりつつあるから、私が目先の利いたビジネスマンなら男性用メーキャップ、シニア男性用スキンケアを開発する。

今のところ圧倒的多数の男性は「あきらめ組」である。タレントや政治家などの例外を除けば若い時から男性は中身で勝負とばかりに、身なり・外見には構わない人が多かった(構わないのに、どう見られているかは内心結構気にしているのだが……)。ぜひぜひ男性も、自分の顔や姿を鏡で見て劣等感を催すことのないように、歳をとったら努力をしていただきたい。

肌が衰えたら男性でもローションやリップクリームの一つも塗る。何より大事なのは全身鏡で姿勢をチェックすることである。いつの間にか、腰が前かがみになっていないか、うなだれていないか、肩をすぼめていないか、気を付けて、腰を伸ばすだけでも予防効果があるらしい。現役時代、どれほどかっこよくても、80歳を過ぎて足腰が弱り、よちよち歩きになってしまったら少し悲しい。**70代のうちから意識してさっさと歩くように努めよう。そのためには筋トレであり外出であり、歩行である。**

全身鏡の良いところはもう一つ服装のチェックもできることである。目指すはワンランクアップである。はじめからベストドレッサーになれるはずがない。若い女の子が、下手なおしゃれをしていても可愛いように、私たちも70歳を過ぎてもぜひぜひ及ばずながらおしゃれをしよう。

70歳を過ぎたら着心地の良さが一番、とジャージーやニットを愛用する人が増えるが、体の線に自信がないかぎりおやめいただきたい。それより、仕立ての良い上質のスーツを愛用することである。男性も女性も上質のスーツは体形の変化をカバーしてくれる。

女性の場合、私たちの1世代前は着物で高齢期の体形の衰えをカバーできたのだが、今や着物は特別の人のものになってしまっていて普段は着る機会がない。

私も嫁入り仕度として母がそろえてくれた三つ重ねのタンスに眠って

いる着物に、何とか日の目を見せたいのだが、着物を着る人たちは目が肥えていて、やれ歳の割に派手だ、季節外れだ、着付けが下手で襟がぴしっとしていないと批判されるので、怖くて日本国内では着られない。それでも海外で民族衣装として着物を着ると、注目されるだけでなく格が1段上がるような気がする。羽織を着ればかなり下手な帯結びもカバーできる。袖なしでもいい。昭和女子大の客員教授のMさんは体形が変わってスーツが似合わなくなったからと、普段着として着物を着ているが、目立つので覚えられやすくていいという。

おしゃれの基本はまず自分の気持ちが高まること、もう歳だから今さら何をあがいてもむだよ、とあきらめたらおしまいである。いくら頑張ってももちろん40代に見えることはない。しかし、60代になら見える。

もしかしたら50代に間違われるかもしれない。

この心意気、やる気が70歳以上には不可欠である。おしゃれなIさんのような先輩を見習おう。

70歳。子どもの頃の夢を実現する

新人の登竜門といわれる芥川賞だが昨今、当時75歳の黒田夏子さん（2012年下半期）や63歳の若竹千佐子さん（2017年下半期）のように中高齢者が増えている。対象は「無名もしくは新進作家の作品」ということで年齢は問題にならないが、これから作家として活躍する若い人が受賞するというイメージがあり、30代の受賞者が多かったし、10代で受賞した人もいる。

2017年に受賞した若竹さんは小学生の時から小説を書きたいと夢見ていたが現実には教員をし、結婚後は主婦になり、文学から遠ざかっていたが夫との死別後、55歳から文章講座に通い本格的に小説を書き始めたという。

久木《ひさぎ》綾子さんも若い時に同人誌に加わっていたが、結婚後約45年中断していた。夫を見送ってから再び文学に戻り2008年『見残しの塔』を執筆し89歳の新人作家といわれ、その後も『禊の塔』などの小説を執筆された。**もちろん誰でも小説家になれるわけではないが、人生何を始めるのにも遅すぎることはない、ということである。人生100年時代は「もう遅すぎる」というのは言い訳にしかすぎない。**

もう一つ学ぶべきは、若い頃から好きだったこと、したかったことに挑戦するということである。

私の周りにもそうした人はたくさんいる。Mさんは55歳で長年勤めていた企業の管理職を早期退職してから手仕事が好きだったのでキルト教室に通い、立派なキルト作家として70代の今も活躍している。Kさんは高卒後結婚し、2人の子どもを育て上げたのちは福祉施設でボランティアをしたりしていた。しかし50代半ばにして福祉介護の専修学校へ通い、短大卒相当の資格と県立施設での介護の仕事を手に入れた。県庁で働いていたSさんは退職後、油絵教室に通い、教えていた講師の美術団体に加わり、毎年入選を果たしている。

Mさんは会社の経営が思わしくなく肩たたきにあったとか、Kさんはボランティア団体の中でいざこざがあり嫌になったとか、きっかけはあまりハッピーではなかったのだが、そのおかげで新しい世界に飛び込む踏ん切りがついたと今では感謝している。もう歳なのだから我慢しなければと過去にしがみついていては新しい世界は開けない。

そして子どもの時から好きだったこと、したかったことを忘れないことだ。私も子どもの頃には将来本を書ける人になるといいなと思っていたが、それを実現するだけの自信がなく、公務員として生きることを選んだ。そして多くの人と同じく組織の中で、昔の夢を忘れなければ生きていけないと思い込んで無我夢中で働いてきた。幸い私は機会に恵まれて、本を書くことができるようになったが。

多くの人に言いたい。30代、40代の時に家事や仕事が忙しくてそれどころでないと忘れていた夢を大事にしよう、しばらく忘れていても押入れの中に入れておいても良いから断捨離してしまわないことだ。その夢を引きずり出し、実現する機会は人生の後半期に必ずあると信じよう。

芥川賞は無理でも同人誌に作品を出したり、ボランティア団体の会報を書いたり、モノを書く夢は実現できる。

70歳。コンシアージェになる

一流

ホテルにはコンシアージェと呼ばれる人がいて、車や劇場のチケットの手配からおすすめの観光スポットまで教えてくれる。個人の家でも昔は出入りの御用聞きのおじさんがいていろいろ取り仕切ってくれた。今では生活にかかわるマネージメントは皆自分でこなさなければならなくなっている。元気なうちはそれが刺激になるので自分でするのも良いが、80代、90代になると少し面倒だなと思い、実務処理できない人も増えてくる。

そこで元気な70代の出番である。役所の手続き——税金の申告や年金の申請、介護認定の申請など高齢者がしなければならないものはかなり多い。また返事をしなければならない会合のお知らせ、近況報告、パソコンのメンテナンス、会社の場合は庶務課がさばくような仕事を、個人のコンシアージェが行うのである。病院への付き添い、買い物（ネットでの注文）、電池や電球の取り換え、などなどもサポートしてもらうと、うれしい人は多い。有料老人ホームはどこが良いか、デイケアセンターはどこが良いか、そうした情報も一般論でなく、個々の都合に配慮して提供してもらうとありがたい。

しかしそうしたサービスには対価を払わなければならない。

残念ながら今の日本では高齢になって少しお金の余裕のある人でも、

こうしたサービスをただで受けようとする。資産を残してあげようと思っている子どもや孫がそうしたサポートをしてくれるならいいが、彼らは相続を権利と思い、お返しをしようという気持ちは少ない。だから生活をサポートしてくれる人には対価を払おうと、マインドセットを変えなければならない。そしてそういうサービスをしてくれる人は今までは個人的なつながりで、ほとんど対価を払わないできたが、きちんと払うようにするのが新しいたしなみである。

なんでもビジネスにするアメリカでは、ベビーブーマーが引退してそうしたサービスを個人事業主として行う人も増えているらしい。1対1ではなく、10人ほど顧客を抱え、1回あたり3～4時間、一人あたり1年に20～30万円、つまり２００～３００万円の収入になれば年金の範囲に支出を切り詰めようとするよりよほど生産的である。

このような元気な高齢者が弱った高齢者をサポートするサービスを提供する。そのためには何が必要か、自分や親が不便を感じていたこと、困った例からアイデアが浮かぶはずである。

男性の高齢者が退職してから始める仕事というとコンサルタントが多い。仕事で培った職業能力、多くは知識や経験を生かす手段ではあるが、こうしたビジネス関係は仕事を発注してくれるのが企業なので、現役時代の人脈がものを言う。これに対しコンシアージェは、個人相手である。知識だけでなく、実際に体を動かし、書類を書いて、世話をして、感謝される。大々的な売り込みより、口コミがものを言う。夫婦ペアで行えば仕事の範囲も顧客の範囲も広がる。世話好きの人と事務処理が得意な人が組んでもいい。もちろん事務所など構えずインターネットで注文を受け自宅で始めてコストを抑える。

例えば仕事が一段落ついたら勉強したいという人も多いが、あまりにも多くの大学、各種学校、カルチャーセンター、オンライン講座などでの講座があるので、どこでどう学べば良いか、わからない。それを教えてくれるコンシアージェなど、いろんな可能性がある。**70代の人が80代、90代の人のニーズにこたえるサービスの担い手になると経済的にも精神的にもお互いにハッピーである。**

共感・決意・覚悟…あなたもぜひ！

『70歳のたしなみ』読者のことば 02

仕事もあり、親の介護もあり、なかなか機嫌よくとはいかない毎日ですが、それでも生きていく上での心がけを教えていただきました。頭と心の中に留めておこうと思います。（54歳・女性）

70歳から始めた大正琴。指と脳を使い、孫の世話をしていた60代の時より体調がよく、人は人、自分は自分で楽しんでいます。（75歳・女性）

そろそろ終活などとばかり考えていたが、心の自立を確認でき、今後暮らしていける力をつけていこうと思った。（78歳・女性）

私はアルバイトで週2日働きながら定時制高校で勉強をしている。自治会役員や学校での課題や試験もあるが、キョウイクとキョウヨウを心に100歳まで活動したい。励まされ、力づけられた。（77歳・男性）

夫が3月に亡くなり、もう駄目と思っていましたが、「ノックしないとドアは開かない」の言葉に感激しました。人のために尽くすことにします。（90歳・女性）

「今日が一番若い日」に納得、同感、拍手！（74歳・女性）

第4章

品格ある高齢期を生きるために

70歳。生活設計から目を背けない

高齢期の生活設計といえば、まだ働き盛りの40代、50代から「退職までに住宅ローンを完済し、貯蓄が×××万円なければ不安ですね」と脅される。老後破産、下流老人という言葉も頭をよぎる。確かに人生が長くなったのに定年は60歳、なんとか65歳までは働けるにしてもそのあと20年以上をどう過ごすのか、月々の生活費はいくらかかるか、年金はどの程度あてにできるのか、病気になったら医療費はどれだけかかるのか、葬式の費用はどの程度かかるのか、わからないと不安が増大する。

その不安につけこんで「年金だけでは心細い、自分で備えるワンルームマンション」といった投資への誘いも高齢者を惑わせる。寝たきり、認知症になったら介護にどれだけかかるのか、適度な負担の特別養護老人ホームは待機老人が数十万人といて、とても入れそうもないらしい、介護保険はどの程度頼りになるのか、がんになったらどうなるのか、こんな長生きすると予想していなかったので心配の種は尽きない。

一方で日本の国債残高は1000兆円を超え、もう返済不可能。何かのきっかけで国債が暴落すれば円が売られ物価はハイパーインフレで、国民経済は破綻する。そう言われれば、個人が貯蓄してもムダだ、どうすれば良いか、不動産や宝石にしておけば良いのか、シンガポールかマレーシアに資産を移す工夫をした方が良いのか、そんなお金はないから持っているお金は皆使ってしまうのが賢いのか、専門家はそれぞれもっともらしいことを言っているが、正直わからないことだらけである。

いくら生活設計しても「想定外」のことは起こるが、最低限どれだけかかるか、一応おおよその目安だけは立てておこう。しかし何より大事なのは自分がどういう生活を送りたいのか、である。そのうえでどれだけのお金が必要か、逆算する発想である。

まずは高齢者の生活費はどれだけかかるか、総務省統計局の家計調査によれば世帯主が65歳以上の1世帯（2人以上世帯）当たりの消費支出は約25万円、若い世帯に比べ教育費はなくなり、通勤などの職業関連費はかからず、食費、通信費も少なくなっている。目下、原材料やエネルギーの価格の高騰によって物価が上昇しているが、高齢者にとって物価が安定しているのがありがたい。

物価が安定していれば、簡単な算数で月に25万円として1年では約300万円あれば夫婦で平均並みの暮らしができる。それが20年続くか、30年か、見当がつかないのが一番悩ましい。死ぬ時期が決まっていたら、それまでに貯蓄を使い果たし残高ゼロで死ぬのが理想的だが、それがわからないからみんな悩んでいる。私は自分の寿命は母親と同じ92歳頃と勝手に考えて、あと20年弱。それ以上はおまけで高齢者のケア施設に入るかと考えている。

自分の年金はどの程度か、これも個人差が大きい。厚生年金に40年加入し続けていれば65歳から死ぬまで月に20万円程度支給される。これだけで毎月の生活はぎりぎりできないこともない。しかし、転職したり、小規模企業で働いたり、自営業になったりして納付期間が短いとその分年金は少なくなる。女性の場合はさらに複雑で、自分で働いて保険料を納付していたか、サラリーマンの妻として第3号被保険者だったか、立場によって扱いが異なり、きちんと届けを出しておかないと、受け取れないこともある。不安な人はぜひ年金事務所で確認しておこう。

まあ大雑把なことを言えば、夫婦の1年の生活費は年金プラス100万円もあれば何とかなる。20年で2000万円である。公的年金の一番良いところは物価スライド、物価が上がれば支給額も上がることである。まあ40年間健康で曲がりなりにも働き続けた人は持ち家や退職金もあるだろうし、ほとんど経済的に生活の心配はない。問題は会社が倒産したり、自営業とサラリーマンを行ったり来たりした人である。年金水準が低く、退職金も多くない。こういう人こそ老後の備えが必要である。できれば奥さんが働き続けていてくれるといいのだが、それも130万円以下だと基礎年金だけである。

こういう人はどうするか、生活費を切り詰めることを目指すならば地方移住である。住居費も物価も安く、公的な施設も整っている。大都市圏はこれから高齢者が増え、介護施設、医療施設も足りなくなる。現在は地方の方が高齢化率が高いが、これからは高齢者の人数も減り始めるので地方の高齢者福祉施設には余裕が出てくる。問題は地域に溶け込めるかどうか、農作業や近所付き合いを楽しめるかどうかである。それが心配だから、まずは長期滞在をして、おためししてみることである。

大都市圏の便利な場所に持ち家を持っていれば、それは手放さないで、賃貸などに出せば地方暮らしの資金になるし戻ることもできる。県庁所在市のマンションに住めばほとんどの公的施設に歩いていけるし、そこそこの文化活動も楽しめる。自然の田野や車の運転や近所付き合いが好きなら、町村部に行けばさらに安く家を借りることができる。古い空き家もたくさんある。

大都市圏に住んでいたいなら、働いて少しでも収入を得るように努める。コンビニの店員、外食産業、そして介護施設など都市部でも人手不足は深刻である。土、日、早朝など、主婦や学生アルバイトの少ない時間帯に働き、週20時間月8万円を稼ぐ。健康ならば80歳まで働き年収100万円を得るのが一番確実な生活設計である。あるいは自宅の子どもが使っていた一室をしっかりかたづけAirbnb《エアビーアンドビー》に登録し民宿にして客を泊まらせたり、学生に部屋貸しをするのも一つの生活設計である。

こうした安定した生活設計を脅かすのは、子どもと親、そして自分の健康である。親の介護で自分の人生が狂う典型は介護離職、あるいは介護離婚である。

親が要介護3以上になったら（一人でトイレに行けず、留守番もできなくなったら）、働きながら自分がすべて抱え込むのは不可能である。なんとか、介護施設を探し、親を説得して入ってもらう。自分が退職した後ならば介護保険の助けを借り、デイケアサービスや訪問介護を受けながら在宅介護もあり得るが、仕事をしている間はできるだけ良い施設に入居してもらい、頻繁に見舞い、温かい言葉をかけるのが現代の親孝行である。**介護離職で自分の生活を破綻させるのは最大の親不孝である。**

子どもは厄介である。最大の不安要因と言えるかもしれない。先に「70歳。下流老人にならないために」の項（70ページ）で検討したが、基本的には子どもは18歳の頃から、生活面で自立させる。就職したら経済的に自立させる。そのタイミングを逃すといつまでたってもすねをかじられ、パラサイトされ、老後の資金も食いつぶされる。
しかも世話をされ続けている子どもは、親に感謝しないで世話されるのを当たり前だと思う。心を鬼にしてつきはなすと、苦しみながら自立し、自立した子どもは改めて親の世話をありがたく思うようになる。

自立した子どもを育てるのが老後への最大の備えである。

子どもが自立できるよう教育をし、人間としての責任感や社会のルールを教えるのは親の責任だが、それ以上の資産を残す必要はない。有形資産より教育。**残すべきはお金より、たしなみ、経験、礼儀正しさのような数字では測れない「無形資産」である。**

70歳。単一のお手本がないことに感謝する

幸福な家庭は皆似ているが、不幸な家庭はそれぞれに不幸だというのは19世紀のトルストイの小説『アンナ・カレーニナ』の言葉である。現代ではLGBTQやシングルペアレントなど多様な家族の形態があるが、それぞれに幸福である。同じように「幸せな高齢者」のイメージも変わりつつあり、多様化している。

子、孫と3世代同居の家で孫の子守りをして日向ぼっこしている高齢

者を「幸せな高齢者」の見本だと思ったら大間違いである。それは今やガラパゴスの高齢者である。

現実には65歳以上の人がいる世帯のうち単独世帯が27・1%、夫婦のみの世帯は31・1%、一方3世代同居の比率は11・0%にすぎない。

それに3世代で暮らすのは楽しいことばかりではない。自分の好みのものを食べられない、好きな時間に好きなことができない、家族と一緒の生活をするのは本音では忍耐だと思っている高齢者も多い。

そんなこと言ったら罰が当たると自制し、忍耐している高齢者もいるし、もちろん孫の世話をするのは楽しく、共働きの息子夫婦の家事を引き受けて感謝されるのが生き甲斐だと思う高齢者もいる。

一方、一人で好きな時に仕事に出かけ、好きな時に家族と触れ合う暮らしが自由で幸せだという高齢者もいる。

吉沢久子さんは夫君を見送り101歳で亡くなるまで一人で美しく暮らしていらっしゃった。佐藤愛子さんも2階に住む娘さん家族とは独立した生活を営んでおられる。晩年の藤田たき先生も養女のかたと美しく暮らしておられた。

言い出したらきりがないほど、伝統的ワンパターンの幸せな老後からははみ出した形で充実した高齢期生活を送っている人は多い。2040年には、65歳以上の男性の20・8%、女性の24・5%が一人暮らしとなると推計されている。

多様な人生の後半期を楽しんでいるのは圧倒的に女性が多い。経済的に独立している女性は、どこに住もうが誰と暮らそうが、自分で選び取ったライフスタイルの高齢期を生きている。男性では自分の身の回りのこともできない、食事もつくれない、掃除もできないから家族といなければならないという人もいるが、そういう人は選択肢がぐっと狭くなる。

私の母の世代の女性はいくら仕事があっても経済的に自立できても結婚して子どもがいないと老後は寂しくみじめだと信じ、私にも絶対結婚して子どもを持ちなさいよと繰り返し言っていた。私も当時は自分に自信がなく、「そうかな」と思っていたがとんでもない。女性の高齢期にも本当に多様な幸福なパターンがあるのが、今になるとよくわかる。私が見事に生きた女性と敬服している松山市の松本和子さんも独身だったが、ガールスカウト時代の友人や姉を支え明るく暮らしておられた。

結婚して子どもがいても子どもが自立せずパラサイトしていて苦しんでいる人、同居していても愛情のない不誠実で自分勝手な夫に苦しんでいる女性がどれだけ多いことか。妻の内助の功に助けられた男性もいれば、病気や障がいの妻を抱えて苦しんだ男性もいる。もちろん良い子どもに恵まれた人、温かくサポートしてくれる夫に巡り合った人もいるが、ま、客観的に言ってどれもあり得る話で、このパターンなら幸せと言いきれない、というのが真実である。

肝心なのは「これが幸福な家族」という単一のお手本がないのはとても幸せな時代なのだと感謝できるかどうかである。単一のお手本がないと不安だと言っていてはもったいない。たくさんの選択肢のうち自分の選んだ、あるいは与えられた状態のうち、良いところを見つけて感謝し、悪いところにくよくよこだわらないことである。

世の中には女性が自立したから幸せになれなくなったのだとか、選択肢が多いことは不幸なことだとか、女性の進学率の向上が結婚できない男性を増やし、少子化をもたらしていると見当違いの説を主張するオジさんたちが多い（時にはオバさんや若い男も）。だからこそ私たちはあえて声を大にして言わなければならない、女性は一つの幸福の型にとらわれなくてすむようになったから幸せになったのだと。選択できるのは良いことだと。

もし今も女性は結婚して母親になるのが唯一の幸福とみんなが信じていたら、どれほど多くの才能ある女性たちがうずもれていただろう。その才能は死蔵されリーダーシップを発揮するチャンスもなく、女子力がない、女らしくない、家事が下手、器量が悪いと蔑《さげす》まれていただろう。離婚したら女性が食べていけない社会では、夫の家庭内暴力や不誠実、不貞、軽蔑に耐えなければならなかったことを思い出そう。

男性は男性でとにかく「稼ぐ力だ」「出世だ」と期待され「亭主達者

で留守が良い」と、妻子を養うものだと決めつけられてきた。好きでない仕事も我慢し、「自分らしく生きたい」などというわがままを抑えて生きるほかなかった。子どもや家族と過ごす時間もとれず単身赴任も辞さず、職場での成功がすべてという生き方以外の選択肢はほとんどなかった。

職場での成功だけを価値としてきたから職場を離れると「終わった人」になり、一人で生活できず、友人もいない人生になる。女性と付き合えない、結婚する人間力の乏しい男性も増えている。大人になっても母親の愛情に押しつぶされている男性がどれほど多いか。本人の適性や希望にお構いなしの幸福のパターンを押し付けてはいけないとわかるだろう。

今、私たちは、どんな家族の形態を選択するにしろ、その相手とでき

るだけ良い関係を維持するようベストを尽くし、家族でない人とも協力し、自分の選択を恥じず、後悔せず、受け入れる覚悟が必要である。

「家族はこうでなければならない」と決めつけなければ、一人一人の足もとから、形態にとらわれない多様な幸福な家族が見えてくる。

70歳。新しい恋愛だって始められる

日本の場合、男女の平均寿命の差と、男性が年上のカップルが多いため70歳の女性の約4割は死別してシングルアゲインという状態である。男性の場合はその半分以下だが、それでも妻を失った高齢男性は増えている。男性が70歳以上で妻が先に逝った場合、それ以後の人生をどう過ごすかというのが大きな問題になる。まだ元気で仕事をしていて収入もある場合、あるいはまとまった資産を持ってい

る場合などは再婚も考えるだろう。

しかし最近は「後妻業」などの悪い女性の餌食《えじき》になる高齢男性が話題になるので、娘や息子、兄弟などの親族が妻を失った男性の恋愛や結婚には反対しがちである。とはいえ掃除、洗濯、食事そして各種手続きなどをこまめにこなす男性の場合は一人になっても暮らしていけるが、まだ多くの男性はそこまで自立していない。男性がシングルアゲインになった場合は今でも息子あるいは娘の家族と同居するケースが多い。

だが世代も違い、価値観も違う、何より生活習慣の違う高齢男性と同居するのは、家族といえど摩擦や対立がつきものである。老若どちらにも寛容と忍耐の精神が要求されるが、特に男性の場合、昔の家長意識を持って威張ろうとするとまずうまくいかない。どちらも譲る……のではなく、高齢男性が自分では8割方譲って、若い方に合わせてそのうえで感謝の気持ちを持つと、やっと一緒に住める。

妻を失った男性が息子夫婦と同居して息子から尊敬され、よくできたお嫁さんに優しく世話され、孫たちにも慕われて、というのは夢物語でまず現実には期待しない方が良い。住宅の狭い都会だとせいぜい昔の子ども部屋を占拠して、間借りしている気分で過ごすというのが一般的な解決法である。

こんなことを言うとやっぱり歳はとりたくない、妻を亡くして長生きするのはつらいことだと滅入るかもしれないが、健康に特に問題がなく、自分で自立して気楽に過ごせる男性は別の楽しい人生が待っている。ただし、持ち家でなくてもサービス付き高齢者向け住宅（サ高住）でも、自分一人で暮らす生活能力を何が何でも身につけることが前提である。洗濯は洗濯機がやってくれる。食事は外食もあるし、宅配のお弁当やコンビニ、デパ地下で調理済みのものを買ってくればかなり楽である。一番の問題は整理整頓、掃除である。これができないとごみ屋敷になる恐れもあるので、きちんと報酬を払って週1回でも誰かに来てもらう解決法を考えておく方がいい。**もちろん個人差はあるが、70歳前後で妻と死別した高齢者は、まだ気力体力もあり新しい生活を構築する力が十分あるから、子どもたちと同居するより一人暮らしを強く勧めたい。**

一人暮らしをする能力があり、元気で身ぎれいにして女性に礼儀正しければガールフレンドがたくさんできて第2の「モテ期」間違いなしである。先にも述べたように高齢になるほど男性の数は減る。希少価値はある。ハンサムでもなく、お金持ちでもなくとも、話題が乏しくても、健康で身ぎれいにして、女性に親切を心がけ、女性の話をまじめに興味を持って聞けば同年代の独身女性、既婚女性から好意を持たれることは間違いなしである。「ばあさんにモテたってうれしくない」などと罰当たりなことさえ言わなければ、話し相手や遊び相手には不自由しない。サークルでも旅行でも、周りに女性が寄ってくる。それぞれの女性の人生に対する敬意を忘れなければ、本当の友情が成立する可能性も大きい。まかり間違うと恋愛さえ成立するかもしれない。

ただし、若い女性にモテたい、仲良くなりたいなどとよこしまな気持ちを抱くと、ふられたり、ばかにされたり、たかられてごちそうさせられたり、ビジネスに利用されたり、ろくなことはない。「どんなにひどい目にあっても、どんなつらい思いをしても、ヤッパリ女性は若くなければ」という向きには「どうぞ」と言うしかないが……。

日本とは事情が違うが、アメリカはカップル社会である。若い頃から男女で行動するのが当たり前である。一人では、レストランも旅行も格好がつかない。女性へのエスコートマナーも身についている。私の親友のお父上は85歳で長年連れ添った妻を亡くし、2、3年はすっかりふさぎ込んでいたが、そのうち81歳のガールフレンドができて元気を取り戻した。いつも2人はどこへ行くにも手を握り合い、寄り添ってうっとりお互いの話を聞いている。友人はこれで父も幸せになったと心から祝福していた。私はただ父上のエネルギーとこまめさに驚くばかりだったが、日本にもそうした高齢者恋愛の時代が来る可能性はある（かな？）。

63歳で長い恋を貫いて結婚された阿川佐和子さん。夫婦で130歳という猪瀬直樹・蜷川有紀夫妻もお互いに支え合い愛し合い素敵にのろけ合っておられた。再婚された男性たちはみな本当にお幸せそうである。

そういえば高齢者福祉施設で、入居者同士が三角関係のもつれから刃傷沙汰に及んだという事件もあったから、私が想像する以上に日本の高齢男女はお盛んなのかもしれない。

高齢期の恋愛におけるたしなみはただ一つ。人様の恋路は妨げない、自己責任で楽しんで（苦しんで）他人をトラブルに巻き込まないことである。

70歳。子どもに期待してはいけない

親が

70歳にもなれば子どもたちは一人前の社会人、大人と大人の関係であるべきだ。ところがファミリービジネスのオーナーでもない多くのサラリーマン家庭でも、旧民法の家督相続の感覚で長男は特別の存在と思っている。そして自分たちを近くで見守ってくれる娘はよその家族、などと考えている人がいる。しかしそれは時代錯誤、ほとんどの親は息子の家族とは別居して暮らしている。東京など大都会では娘一家が二世帯住宅や近くのマンションに住み、子育て、留守番、家事などを助け合う例が増えている。特に娘がしっかり仕事を続けている場合は親のサポートは感謝される。

古代から平安時代まで日本の家族は娘が親の家を相続し、男性が通ってきて、生まれた子どもは娘の両親や親族が育てるのが普通だった。父系同居は儒教の影響大である。平成以降の娘近居は先祖がえりで日本の伝統に戻っていると言えるのではないか。親の片方が亡くなり同居する場合も娘一家と同居する、二世帯住宅に建て替える、近くに住むというケースも娘が増えてきている。

一つの家に主婦は2人もいらない。どちらが主導権を持つか不毛の争いをしないで、若い方が仕事を持ち、高齢主婦に育児や家事を分担してもらう。もちろんただではなく、一人の給料の半分ぐらいは謝金として払う形が、私は高齢者にとっても、子どもたち、そして孫世代にとっても一番好ましいと思う。

問題は娘が自身が続けたい仕事につけるかどうかである。しっかりキャリアを積めるような仕事を娘が持つことが高齢者の人生設計の重要なポイントである。残念ながらまだ少なからぬ女性が出産を機にやめたくなるような将来展望のない仕事についているが、これからは変わる。

親は、娘が幼いうちから将来のキャリアを考えて教育し、自立心を育む。就職の時も、夫に頼らないで生きていけるような職業につけるよう応援しよう。結婚の時も、子どもを持つ時も娘が仕事を続けるようサポートすると言明しておこう。**親は間違っても「仕事をやめて、良い妻になれ。温かい家庭をつくるのが女性の幸福の目標だ」などと昔の結婚観を押し付けてはいけない。**

私の場合、父が亡くなってから、頼んで頼んで母に富山から東京に出てきてもらい、同居して育児を手伝ってもらった。そのおかげで私は仕事を続けることができた。母も体力がいつまで続くか心配しながら精いっぱい支えてくれた。娘たちもすっかり母になつき、それが母の生き甲斐になっていた。父の遺族年金は小遣いとして自由に使っていたし、老後資金の貯蓄金額など心配していなかった。

私は母に世話になったお返しをしなかった代わりに、それぞれ親になった娘の育児をできる範囲で手伝ってきた。例えば保育園のお迎えはできるだけ手伝う、娘が残業で遅くなる時は私はその日は予定を入れず早く帰って世話するというように。同居ではなく、近居でお互いに独立して助け合っている。私の好みとしては、たとえ娘でも子どもには子どもの生活があるから、同居より近居、二世帯住宅にしても独立性の高いデザインがベター。同居しているとつい見たくないものも見てしまい、余計な口出しをしたくなるからである。

息子しかいない場合はどうすれば良いか？　私は息子を持たないので一般的な話になるが、息子の妻にも働く女性を歓迎しよう。息子夫婦が共働きで息子が家事育児をシェアしていると、親としては「嫁にこき使われている」「ひどい嫁をもらったものだ」と心穏やかでないらしい。娘の夫が家事をシェアしていると「よくできたムコどのだ」と感謝するのにひきかえ、まだまだ古い夫婦観が生きている。

息子夫婦にも余計な口出しをしないで頼まれたことを淡々と手伝う。古い家庭観を押しつけると煙たがられ、息子一家は寄りつかなくなる。しかしお嫁さんが本当に仕事を続けたいと願っているなら、たとえ小うるさい舅・姑でも猫の手よりましなので、近居してくれる。息子の結婚相手が勤め続けられる仕事についている女性であることを祈ろう。息子夫婦はお嫁さんの実家の近くに住むかもしれないが、息子が納得しているならそれも良しとしよう。

一昔前の話だが、私の出身地の富山で歓迎されるお嫁さんの職業のベスト3は、1位が公立学校の教員、次が公務員、そしてしっかりした民間企業の正社員だった。そうしたお嫁さんに来てもらった家は栄えていく。お姑さんは家事育児をしっかりバックアップすることで、世帯収入が増え立派な家も建つ。その知恵を大都市でも真似るべきではないか。

といっても子どもとの関係は、社会により環境により千差万別、こうでなければならないと決めつけることはできない。ここで私が良しとした親子関係がすべてではなく、いろんな形がある。**大事なのは自分たちが納得でき、互いを受け入れる親子のつながりである。**

70歳。病気になっても新しい世界が得られる

歳を

とったら健康が一番、と考える高齢者は多い。確かにそうだが、それだけを目標にしてタバコは吸うな、お酒は控えめに、濃い味や脂肪を避けて、毎日運動をする、サプリメントを飲む、定期的に健康診断を受ける、生活習慣病を予防するために生活する高齢期は少し寂しいので、生活を楽しめという説に賛成である。

長い介護は本人にとっても周囲にとっても不幸だから、認知症や寝た

きりにならないように生活習慣に気を付けるのは良いことである。しかし健康であることが目的になってしまい、その健康をどう活用するかが二の次になっているのはいかがなものかと思う。**健康は宝だが、生かす場がないと、宝の持ちぐされである。**

長寿時代になった今でも私たちが病気と付き合う生活に慣れていないのも大きな問題である。特に健康であまり病気をしたことのない人が病気になると、ショックを受け、うろたえてしまう。自分の自信の根本である健康が揺らぐと、人生すべてに悲観的になり、気力もなくなる。だが医学の進歩は素晴らしいのであきらめてはいけない。

例えばがんは昔は不治の病とされ、がん告知をすると気力を失う人が多かったので、家族も主治医も本人には知らせないようにするのが常識だった。しかし今ではがんは治療法が開発され、部位や発見のタイミングにもよるが、かなりの確率で治るようになってきた。そのため本人に告知するのが普通になってきた。それでも自分ががんであると告知されると、多くの人はまず驚き（自分ががんになるなんて！）、戸惑い（どうすれば良いのか、医者の言うこと、治療法は信頼できるのか）、怒り（なんで自分ががんにならなければならないのか！）、しばらくたってやっとそれを受け入れ、できるだけのことをしようというように気持ちが揺れ動くようだ。

多くのがんサバイバーに聞くと、がんになったことで失ったものがあるだけでなく、新しく得たものがあり、新しい気づきがあるという。2016年10月に77歳で亡くなった田部井淳子さんもがんと闘いながら、山を愛し、家族を愛し、友人に感謝し、東日本大震災で被災した高校生の富士登山を支え続けた。「病気になっても病人にならない」というのがモットーだった。

病気だけでなく、身近な人の死など危機的な出来事や困難な経験に遭遇し精神的なもがきや戦いの末に生ずるポジティブな心理的受容の体験を心理学では「心的外傷後成長」というらしい。それまでの人生で培った価値観や人生観を破壊するような危機や困難に遭遇し、もがき戦って新しい価値観や人生観を獲得していくことである。その結果、他者に対する思いやりが出てくる、新たな可能性を発見する、新しい自信が生じてくる、人生に対する感謝や命の大切さを知るようになる。なかにはスピリチュアルな変容に至る人もいると精神科医の保坂隆さんが言っておられる。

高齢期になると人はどれだけ健康に気を付けていても病気になること

は避けられない。また親しい人、愛する人との別れにも直面する。しかしどのような苦境に陥っても絶望して自殺したり、打ちひしがれてしまう人ばかりでなく、多くの人はそれをはね返し、元の状態に戻る力を持っている。それをレジリエンス（復元力）という。さらには元に戻るだけではなく、苦境を乗り越えたあと、もっと成長した人格になることができる可能性もある。ＡＩがどれほど進歩し自己学習を重ね、知識を有するようになっても、挫折や絶望から立ち直る力はない。人間が人間である根本の能力は絶望からの回復かもしれない。

私も将来どのような老いを迎えるのか、どんな病気になるかわからないので正直不安である。健康第一を心がけるのは大切だが、「生老病死」という命の大原則を変えることはできない。老いや死と同じく病を受け入れ、病とともに生きる覚悟も必要である。

70歳。シルバー民主主義を超えて

日本の社会保障制度は年金や医療保険に手厚く、児童福祉や生活保護には十分でないと批判されてきた。これは有権者に高齢者の占める割合が高く、投票率も若者世代に比べ高いからである。福田内閣の2008年にすでに導入が決定していた高齢者の医療費負担を1割から2割に引き上げる施策に反発が大きく、「高齢者に死ねというのか！」などと怒号が飛び交った。現役世代は3割負担なのだが……。

それも一つの要因として内閣支持率は下がり、退陣に追い込まれた。

高齢者の利益に反する政策をとると評判が悪くなり、選挙で敗れる、というのがシルバー民主主義といわれるゆえんである。選挙では集団が大きいほど、投票率が高いほど、影響力を発揮するのは民主主義の基本で当然である。

問題はその集団が自分たちの利益だけを守ろうとするか、全体の利益にも目配りができるかどうか。そして自分の意思に反した決定でも決まったことに従うかどうかである。北欧の福祉国家も年金支給開始年齢を引き上げ就労を促進しており、それを国民は受け入れている。

せっかく健康で経験も豊かで、判断力もいろんなスキルも持っている高齢者が、これからの社会はどうあるべきかを考えて政策提言をし、発言し、行動するのは必要なことである。

現役時代は時間にも気持ちにも余裕のなかった高齢者がこれからの社会の行く末を考えて良かれという案を提案していく。自分個人にとって「負担は軽く、給付は手厚く」というのが希望だとしてもそれでは仕組みとして長続きするはずがないので、現実的な代案を考える。赤字国債で次の世代につけを回すのはまずい。しかし財源はない。そこでどうすれば良いか、高齢者自身が考え選択するのが真のシルバー民主主義である。

政治的には難しいが、年金の支給開始年齢をスウェーデンやノルウェーのように遅らせ、また受給開始年齢を選べるようにする。その代わり60代の雇用を促進する。70歳以降も支給開始年齢を遅くすることを選択した人に支給額を上乗せする。高額療養費負担の上限を年収に応じて引き上げるなどが考えられる対策である。選挙への立候補に年齢の上限はない。政党は公認候補に年齢制限を設けているが、無所属なら自由に立候補できる。世話好きでまめな人は団体や同窓会、ＯＢ会など周りの人の支持を得て立候補すれば良い。はじめから国政選挙を目指すのはハードルが高いが、市区町村議員は地域にもよるが１０００票単位、場合によって数百票で当選できる。社会経験が乏しく功名心にかられている若い候補者より、無私無欲の良い政治家になれる高齢者は多い。

私ももし地方の首長に当選したら都市部の小中学校の事務補助として70歳前後の元気な高齢者にパートで就業してもらう、市役所の仕事をどんどんシルバー人材センターに発注する、シングルペアレントの子どもたちの勉強を高齢者が見る、などなど提案したい具体的な政策はたくさんある。地方の過疎の地域では議員のなり手がなくて議会の存亡が話題になっているが、都会でも議会にもっと普通の市民の声が反映できればよい。地方では市役所、行政の役割が大きいから高齢者が議員になり首長や行政に影響を与えてほしい。

自分が立候補して議員や首長になるのは難しいと感じる高齢者は議員の応援団になり自分の意見が反映されるようにしよう。政治家は選挙の時に自分に投票してくれない人の意見は無視するが、応援してくれる人をむげには扱わない。具体的には後援会に入会し、議員や首長の報告会に出席して意見を言い、選挙の時はボランティアの一つもする。そういう支持者の意見は政治家たちも丁寧に聞く。その際に自分の家族や仕事に便宜を図ってくれるように頼むのはNGで、それでは森友学園・加計学園問題の再来になってしまうが、これからの社会はこうあるべきだと大所高所から自分の意見を伝えるのは民主主義の基本である。

高齢者福祉ばかりでなく環境問題、ごみのリサイクル、エネルギー問題、農業問題、消費者問題、教育問題、安全保障問題。もちろんブログやSNSで自分の意見を発信していてもいいが、直接政治家に伝えるように努めるとより効果的である。フェイスブックに投稿するより支持する政治家に働きかける方が現実に影響がある。

アメリカの有権者は日常的に政治家に手紙を書く、メールを書く、ファックスを送る、いろんな手段で意見を表明する人が多いが、そうしたもの言う支持者になる。もの言わぬ大衆として何も意見を言わず、政治家にお任せしているだけで選挙にも行かなければ軽んじられる有権者になるのは当たり前である。政治家への手紙はどのように書けば説得力があるか工夫するのも脳の活性化に役立つ。

政治は政治家のもの、普通の社会と違う次元の価値観が通用する魔窟だと嫌悪しないで、積極的にかかわっていこう。政治家が悪いことをしないよう彼らの行動を見張りたいという人は政治資金の使い道だとか、自分が関心を持つ委員会の議事録だとか目標を決めて情報公開を求め、監視するのも一つの対応である。

お任せ民主主義から真のシルバー民主主義へ。高齢者も広い見識を持って政治に関心を持ち続け、物言う市民になることで少しは社会を良くすることができる。

70歳。素晴らしい高齢期を生きる人を探す

私の

周りには素晴らしい高齢期を過ごしておられるかたが多い。この人たちの人生を見ていると長い人生に恵まれるのは神の祝福という気持ちになってくる。どんなに短い人生でも充実し燃焼すれば悔いはないという考え方もあるが、自分がすべきこと、できることができる時間が長く与えられるのはありがたい。先に「70歳。

『私への挑戦』を新たに始める」（138ページ）でも魅力的な高齢期を生きる人を紹介したが、まだまだ数えきれないほどいらっしゃる。

例えば2018年1月にスポーツジムのプールで泳いでいる時に心臓発作を起こし83歳で亡くなった岩男寿美子さん。彼女は慶應義塾大学教授を65歳で退職してからも政府の審議会、有識者会議などの委員を多数務めた。一番感心するのは80歳を過ぎてからタンザニアのキリマンジャロの麓に現地の少女たちを教育する全寮制の女子中学校を作ったことである。寄付金を集め、JICAの補助金を獲得し、支援のために日本でキリマンジャロの会を立ち上げ、校舎や寮を建て、教員を雇い、日本から専門家やボランティアを送り込んだ。1学年30人の女子中学校の開校式は2016年1月に行われた。80歳を過ぎても生き生きと飛び回っている姿は、80代になっても新しいプロジェクトを立ち上げることができるのだと励まされた。

79歳の谷川洋さんは商社マンだったが定年退職後「奔走老人」として、アジアの貧しい地域に小学校を建設し支援するＡＥＦＡ（アジア教育友好協会）という団体を立ち上げ、すでに３００校以上を寄付し、山岳地帯を走り回り、寄付集めや支援者獲得に頑張っておられた。

物理学者の米沢富美子さんも２０１９年に80歳で亡くなられたが、明るく前向きに生きておられた素晴らしい女性である。要介護５の百寿の母上を12年間介護しておられた。それに不満を持つのではなく、「母と一緒におられる時間を大切に過ごします。その時間が１日でも長くあってほしいと祈るような気持ち」と言っておられたのにはただ頭が下がる。

２０１７年には専門書を英語で出版しておられる。

101歳の故・吉沢久子さんは、99歳の佐藤愛子さんは、95歳の馬場あき子さんは、90歳の故・有馬朗人さんは、88歳の小林照子さんはと言い出したらきりがない。70代、80代でもしっかり活躍している人はきっとあなたの周りにも多いだろう。私も90歳を過ぎるまで家業の印刷会社を経営されていた岩渕綾子さん、秩父の地域を愛し世話をされていた守屋勝平さんなど多くの人生の先達に励まされ、支えられた。昔の基準ではこの人たちは特別なのだろうが、特別な人が一人ではなく何人もいる現実は、私たちの年齢への思い込みが現実とギャップを生じていることを示している。

私も正直なことを言うと60代はぜひ仕事をしたいと前から希望していたが、70代は出家とまではいかなくてもボランティア的な活動を行い、80代、90代は引退して趣味にいそしみ家族と共に過ごすのかと思っていた。しかし自分が70代になってみると、まだしたいこと、やりたいことがたくさん出てくる。どのように人生の後半期を過ごすかの定まった手本はない。お手本にしたい人は、一人、２人ではなくたくさんいらっしゃる。その中から自分の新しい生き方をつくり出していく。それが私にとって人生の新しい目標である。

70歳。一人を恐れず孤独を楽しむ

高齢期のたしなみの基本は自立能力をつけることである。経済面と生活面と心の自立である。資産や所得はそれほど多くなくてもとりあえず自分の収入で生活できる、他人に介助されなくても自分で行きたいところへ行けるロコモーション機能がある、食事や掃除も一通りできる生活スキルがある。それに加えて必要なのは孤独に耐える、孤独を楽しむ精神、心の自立である。

一人でいることを恐れ、家族や友人に依存していては自立とはいえない。高齢期の一人暮らしを「寂しい」「空しい」と考える人は多い。死後何日も発見されない孤独死は怖い。そうならないために、家族、特に子どもや孫との同居を望んだり、友達と行動を共にしようとする。

現実には子どもの家族と同居していても、心が通わず孤独をかみしめることになるかもしれない。生活の面でも、例えば食事の時間、メニューを自分の好きなようにはできない。それを「生活のケジメ」と受け止め家族と折り合っていけるならば、その程度の不自由さを受け入れるのも一つの生き方である(ただし、それを選択した以上は嫁の家事のやり方、孫のライフスタイルには文句を言わない!)。

そうではなく、自分の好きに生活し、他人に煩わされたくないと考え、一人で自宅で生活する。どうしても一人暮らしが不安ならサービス付き高齢者向け住宅（サ高住）や有料老人ホームに入居するのも一つの生き方である。どちらにしても、大事なのは心の自立である。心の自立とは、自分で考えて選び、選んだ責任を人に押しつけないことである。**一人でいる時間を恐れず、楽しんで過ごす、一人で過ごす時間を空しいと思わず自由と思う、住居や財産にかかわる決断や選択も自分の責任で行い、他人のせいにしない、義理感で嫌々友人や家族に付き合うのではなく、共に過ごす時間を楽しむ付き合いをする。**

縁あって家族となり、友人となったのである。その存在を楽しむには、もともと人間とは孤独な存在であることを認識したうえで、「家族なのだから、愛し合って当然」「友人だから付き合ってくれて当然」という過大な期待を抱かないことだ。孤独を前提とすれば、心は痛まない。期待しすぎるから落胆する。自分から電話をかけ、メールを出し、手紙を書き、好意を示すこともしないで、相手から声がかかり、好意をかけられるのを期待してはいけない。

私も遠い思春期の頃、これからの人生は一人で生きていかねばならないと気がついて深い孤独感に襲われたことがある。その後、人生の繁忙期にはいろんな出会いがあり、また忙しさにまぎれてあまり深く考えることはなかったが、高齢期になると再び、人は一人で生きて、一人で死んでいくのだと改めて覚悟が求められる。家族も友人も資産も肩書も業績もあの世までは持っていけない。

家族や友人とのつながりはありがたいし、支えや協力に対してはどれだけ感謝してもしたりないのだから、こちらも縁あって出会った人には自分のできる限りの協力をし、支えなければならない。一方、友人にも家族にも事情がある。「こうすべきだ」と自分の都合を押し付けるのではなく、相手の話を聞き「まあ、そうか」「しょうがないね」と受け入れる。「こうしてほしい」「一緒にこれをしよう」と提案しても「できない」「行けない」と言われたら、「あ、そう」とあっさりあきらめる。断られても嫌われているとか、軽んじられていると自己否定することはない。相手の都合が合わなかっただけと気軽に考えればいいのだ。

そのうえで、たまたま友達が一緒に行ってくれれば楽しいが、一人もまた良しと考える。一人で旅行にも、展覧会にも、ショッピングにも行く。家族にごちそうするのもよいが、一人で新しいレシピに挑戦するのもいい、と一人で行動できる自由を楽しもう。

そして、どうしても一人で生活できなくなり、家族や介護職の人の世話になるようになったら、それまで一人で暮らせたことに心から「ありがたい」と感謝し、世話して下さる人に感謝する。

一人を恐れず嫌がらず楽しめるたしなみを持った高齢者が品格ある高齢期、品格ある人生を生きるのではなかろうか。

共感・決意・覚悟…あなたもぜひ！

『70歳のたしなみ』
読者のことば 03

60歳を前にして、実母や義母の生き方を見ていて、果たして自分はどんな年齢の重ね方をしていくようになるのか不安でいっぱいでしたが、少し前向きになれた気がします。(59歳・女性)

姉の介護に少々嫌気が差していたので「これではいけない」と思っていた矢先に本に出会いました。気持ちが前向きになり、優しく接せられているような日々です。(74歳・女性)

あと半年で70代に突入するので憂鬱で悩んでいましたが、心が晴れやかになりました。毎日機嫌よく暮らすことは私には難題ですが、笑顔を絶やさず毎日を過ごしていきたいと思います。(69歳・女性)

「70歳。今こそおしゃれを」のところを読んで納得。古い服は処分しました。新しい服を着ると気分もよくなります。(73歳・女性)

間もなく75歳。そろそろ店じまいと思いきや、とんでもない！と思い知らされました。(74歳・男性)

「人は人、自分は自分」の言葉にスッキリ。(62歳・女性)

あとがき

私たちが幸せになるために

戦後ベビーブーム世代、団塊世代は70代となりました。自分自身若い時には70歳になったら立派な年寄り、心安らかに出家するのもいいか、などと思っていました。現実にはまだ気だけは若く、あれもしなければいけない、これもしたいと忙しく仕事や孫の世話をして過ごしています。美貌（！）や外見はともあれ、体力や知力も主観的にはそれほど衰えていません。

私だけでなく日本中に健康で経験と意欲に富む70代の人が増えていま

す。

人生100年時代になっていると実感しています。日本老年学会は体力が増強されているので高齢者の定義を65歳以上から75歳以上にするように提言していますし、政府の高齢社会対策大綱でさえ、「65歳以上を一律に高齢者とみることは現実ではなくなりつつある」といっています。しかし残念ながら職場や社会制度、人の心は人生70年時代のままです。

このままでは経済も社会も持たないので制度を何とかしなければならないのは言うまでもありませんが、まず私たち一人一人がマインドセットを変えなければなりません。

70代になったらそろそろ人生のしまい時、終活を心掛け、断捨離しなくてはならない。健康第一、無理をしないで、人に迷惑をかけないようにひっそり生きていけば良いのだ、と思っていたら大間違いです。まだまだできること、しなければならないことはたくさんあります。歳をとって失ったものを数え上げるより、今持っているものを数え上げ、その力を活用して助けを必要としている人に使えば相手も自分も幸福になります。

私たちが今行うべきは終活でなく、老活あるいは老前準備です。十分働いてきたのだから、社会はもっと高齢者を大切にすべきだと要求するより、自分たちは社会や若い世代に何ができるか、考えなければならないのではないかと思います。

それは大それたことではなく、まずは普段の生活の中に「美しい」「面白い」「素敵だな」と思うことを見つけ感動する、上機嫌で過ごすようにする、今まで生きてこられたこと、支えてくれた人たちに感謝するといったことです。こうした心がけこそ高齢者のたしなみです。

かつて私は女性に「品格」を持ってほしいとの思いで『女性の品格』という本を書きましたが、翻って今、高齢者に必要なのは「たしなみ」ではないかと考えています。自分の利益だけ、自分の健康だけを追い求めるのではなく、これからの世代を応援する節度や慎みを持って一日一日を積極的に生きる。そうしたたしなみのある高齢者には、おのずと品格が備わります。

たしなみある高齢者が増えることで周りの人は歳を重ねるのも悪くないと励まされ、社会は温かくなり、快適になります。それによって高齢者自身も幸せになるとの思いでこの本を書きました。

この本を書き始めてから2年余り、思っていたより長く時間がかかってしまいましたが、忍耐強く付き合ってくださった小学館の橘髙真也さんに心から感謝いたします。

2019年平成最後の早春に

坂東眞理子

新章

来る80代をプラチナエイジにするヒント

新しい70歳のたしなみ
―あれから4年、文庫化にあたって

70代になるのは不安だし、正直怖い、そうした自分の気持ちを励ます気持ちで書いたのが『70歳のたしなみ』でした。

60代の自分は健康に過ごし仕事もでき、家族の世話もできましたが、歳を重ね古稀などといわれる70歳になったら心も体も衰え能力は落ちるのか、もう若い人に道を譲って引退するのがあらまほしき美学なのだろうか、という迷いもありました。生きていても健康寿命が尽きた後は周囲に迷惑をかけるのは申し訳ない、と。

実は年齢を重ねて新しい大台にのる不安は今回が初めてではありません。29歳の時は30歳になるのは「もう青春は終わりで責任を負うべきことが増えるだけ」と寂しく、39歳の時は40代になるのは「女盛りが終わっておばさんの人生が待っている」と気が重かったものです。今振り返ってみると30代の時には20代では想像もしなかった新しい世界が広がり、挑戦の機会に恵まれました。40代も公務員としての仕事盛り、働き盛りで、恐れていたような事態にはなりませんでした。

現在70代になってもう数年たち、年齢的には後期高齢者になりましたが、幸い健康で主観的にはいろんな能力も意欲も衰えていません。4年前に「70代はゴールデンエイジ」といったのは間違いないと実感しています。

しかし私たちの社会の多くの人が人生70年時代の「常識」にとらわれたままなのは4年たっても変わりません。定年や年金の支給などの制度が人生70年時代のままで、社会から高齢者への偏見や排除があるだけでなく、私たち自身がその「常識」にとらわれて自分の可能性を狭めたりエネルギーを抑えたりして、あきらめているのは残念なことです。

人生100年時代に向かう今日、定年や年金などの外部の制度や慣習を変えていくことも必要ですが、改めて自分たち自身が自尊心をもって生きていくためには私たち自身の心の持ち方、すなわち「たしなみ」が必要になっているとの思いを新たにしています。

70歳。高齢期の現実を見据える

まず私たちは高齢社会の現実を見なければなりません。2019年に本を出版した後に実施、発表された2020年の国勢調査により新しい高齢者の実態が明らかになっています。平均寿命は男性81・56年、女性は87・71年と世界トップクラスです。70歳の平均余命は男性16年、女性20年です。私たちが実感しているように女性の大多数が90歳を過ぎても生きており、男性もほぼ半数が90歳を超えて亡くなります。亡くなる年齢として一番多いのは男性88歳、女性93歳で、平均寿命より長生きする人が多いのです。がんも不治の病ではなくなりました。

このような数字を聞いても、平均寿命は延びているが健康寿命はそれほど長くなっていない、寝たきり、認知症で長生きしてもうれしくないと思っている人が多いのではないでしょうか。

ところで健康寿命というのはWHOの定義によれば「健康上の問題で日常生活が制限されることなく生活できる期間」とされています。これはとても厳しい定義で、例えば膝や腰が痛い、老眼で新聞や本の細かい字が読めない、少し耳が遠くなった、2階への階段の上り下りがつらくなった、散歩の距離が短くなったなども健康寿命から外れます。逆に言えば健康寿命が男性72・6歳、女性75・5歳ということはそれまで日常生活にまったく制限がない状態だということです。

平たく言えば、高齢者は健康寿命を過ぎても寝たきりになるわけではないのです。少し足を引きずったり、耳が遠くなっていても、日常生活

を自立して行う人が70代では95%以上を占めています。自立した生活が困難になり介護が必要な要介護3以上の人は70代前半では2%以下、後半でも3・6%程度です。90歳以上でも要介護3以上は男性の22・6%、女性の38・5%で、90歳以上でも5人に3人は自立して生活しているのです。医学の進歩、手厚い介護保険、医療保険制度により、がんや脳血管系の病気にかかっても治療やリハビリによって日常生活ができるまで回復する人も増えていることがこの数字の背後にあります。

こういうと体は自立していても認知症になり周囲に迷惑をかけたくはないと反論する人も多くいます。2020年現在600万人以上といわれる認知症はアルツハイマー型が最も多く、ほかに脳梗塞などによる血管性、レビー小体型、前頭側頭型などがあります。この認知症が2060年には1100万人を超えるという予測もあって、私たちを不安に陥れています。しかし認知症にも様々な段階があります。ランク1は物忘れや知的認識の低下は見られても日常生活には支障がないレベル、ランク2が金銭管理や買い物の時にミスをすることがある、たまに意思の疎通に支障がある、など日常生活に困難が生じることがあるが誰かがサポートすれば生活できるレベル、ランク3になると時々日常生活に支障が生じ介護が必要になります。そのレベルになるのは85歳以上の人が多く、85歳以上の男性の5人に一人、女性の3人に一人と推計されています。

こうした数字から見えてくるのは、多くの人は80代半ばまでは自立して生活し、知的能力もそれほど衰えない、80代半ば以降は少し支援が必要になり、90歳を超え最後の1年から3年は介護を受ける人が増えていくという現実です。80代の半ばまでは多くの人が自立して生活するわけで、この時期を晩年というには長すぎる時間があるといえます。それは

4年たっても変わらない、4年間でますます明らかになった事実であり、65歳からは高齢者、健康寿命と平均寿命の間の8年から12年は介護を受けて暮らすという私たちの高齢期観の変更を迫るものです。

自分の健康年齢や認知症を心配するだけでなく、70代をゴールデンエイジに、そしてこれからの来る80代をさらに輝くプラチナエイジにできるようマインドセットを変えていきましょう。

70歳。コロナ禍に考えさせられた覚悟

この4年間には大きな変化もありました。2020年からの新型コロナウイルスのパンデミックによって私たちの高齢期の暮らしも意識も大

きな影響を受けました。

2020年の感染初期には世界中が実態のわからない新しい病気に対する恐怖にかられました。中でも基礎疾患のある高齢者の重症化率、死亡率の高いことが強調されました。感染が警戒され高齢者施設への訪問が制限される、高齢者が外出を自粛するという動きが広がりました。その結果、施設入居者の筋肉の衰え、認知機能の低下がみられ、自立して自宅で生活している高齢者でも自主規制して家に引きこもり、頭や体の老化が進行した人も増えました。逆に言えば、高齢者が外出して人と話し、引きこもらない生活の重要性が改めてわかりました。一方でコロナを機会にZoomやSkypeのようなデジタル機器を使いこなすと、高齢者も遠くに住んでいる人ともいろんな交流できることがわかりました。

重症者用のベッドの多くを高齢者が使用するため、若い患者を搬送する医療施設がないといわれた時期もありました。幸い日本では大規模な医療崩壊は起こらず、むしろ高齢者が外出を自粛しマスクや手洗いなど予防に努めたため例年よりインフルエンザにかかる人が少なく、2020年の死亡者が平年より少なくなりました。影響が大きかったのは高齢者より若い人の生活でした。コロナによる経済活動や社会活動の規制のため人の交流が減り、収入が減り、結婚が減り、2021年の出生数、出生率ともに大きく落ち込みました。

こうした現象を見ていると高齢者がワクチン接種をして予防に努め重症化しないようにするのは必要なたしなみです。しかし、ひとたび緊急事態に面した場合には、自分から進んで前途ある若い人にエクモのような限られた医療資源を譲るという「たしなみ」が必要なのではないかと私は思っています。タイタニック号のように船が難破した場合、救命ボートに乗るのは女性や子供が優先され、壮年の男性や高齢者は後回しという不文律があったと聞きます。実際に自分が緊急事態に直面したらきれいごとは言えないかもしれませんが、少なくともその心意気は持っていたいものです。**高齢者のたしなみとしては、いざという時には若い人に機会を譲る、限られた資源を譲る覚悟をしておくことは必要でないかと考えさせられました。**

コロナだけではありません。今の日本の医療保険制度は世界に冠たるものがありますが、これを維持していくためにはムダにつかわず必要な人に効率的に使うかという観点も必要です。

若い人から高齢者の医療費は削減する、我慢してくれと言われるのは嫌ですし、高齢者を差別しないでほしいと私も言いたくなります。しかし強制ではなく自分の意志で、「重い病気になったら無理な延命処置、最新最高の医療はしてもらわなくてよい、痛みは緩和して自然死をさせてください」といっておくのは、最高に利他的な行動で自尊心も満足できるのではないかと思います。

死や病気をむやみに恐れることはありませんが、最後は受け入れる覚悟が必要でしょう。私は家族に無理な延命処置、最新最高の医療はしてもらわないようにと意思を伝えています。

70歳。平和のために何ができるか

コロナと同じような想定外の出来事は2022年2月24日のロシア軍

によるウクライナ侵攻でした。独裁者プーチンが自国の国民を前線で戦わせ経済や社会を危機に陥れる戦争という愚挙をすると多くの人は予想もしていませんでした。戦争で多くの兵士が死傷し、軍事施設だけでなく多くの社会生活を維持していくうえで不可欠な民生施設も破壊されました。一般市民もたくさん亡くなっています。1年以上経過した現在も戦争の終結や和平の気配はなく、核兵器の使用さえ脅しに使われています。エネルギーや資源・食料の供給網は大きく損なわれ物価高は世界中に広がりました。

どんな理由があろうと、だれが見ても戦争は「悪」ですが、こうした侵略が実際に起こると、各国は防衛費を増やし、軍備を増強しています。軍備を整えないといつ攻め込まれるかわからないというわけです。福祉や医療、地球環境保全などより優先順位が上になってしまったのです。

こうした事態になったウクライナの状況を見ていると、高齢者が安定した生活を送るための大前提が「平和」であり社会が安定して豊かであることだと実感します。**平和のために高齢者は何ができるかと問われると、自分は無力だ、自分たちにできることはないとあきらめてしまいがちです。しかし「たとえ明日世界が滅ぶとも私は今日、木を植える」**(93ページ参照)**という心意気で、平和のためにできることをするよりほかないと思います。**私も草刈民代さんが尽力されたウクライナ国立バレエ団を応援するチャリティショーにささやかながら関わらせていただきました。気休めに過ぎなくても、何かすることに意味があります。

そして政治・政策を他人ごとだと思わず、少しでも良い政治家を選ぶように、良い政治家を応援するように努めなければならないと思います。第2次世界大戦を経験した人たちは、亡くなった父、息子、兄弟などの無念を思いその人たちの死を無駄にしてはいけないと戦争の惨禍を語り継ぎました。戦闘で亡くなった人ばかりでなく、空襲や飢えや病気で亡くなった人も含め、300万人以上が亡くなりました。77年の間、日本が戦争の当事者にならなかったのはこの人たち一人一人の思いがあったからでしょう。できることは少ないですが、私たちも精いっぱい平和を守り、戦争により人が死ぬことのない社会をつくるためにどんな小さいことでも発言し行動しなければなりません。

70歳。高齢期の生きる目的を考える

高齢者の生きる目的は何でしょうか。子どもや孫の元気な姿を見る、

おいしいものや好きなものを飲んだり食べたりする、美しい自然や芸術作品を見る、どれも喜びを与えてくれます。高齢まで生きていること自体が偶然と幸運の賜物であり、それを喜んでいればいい、生きることに目的なんかないという考え方もあるかもしれません。しかし目的や夢は高齢者に生きる力を与えてくれます。私自身を振り返ってみてもこの4年間、一つ一つの課題を乗り越えることを目標にして夢中で過ごし、大学も曲がりなりにもコロナの時期を乗り越えることができました。できないと思っていたオンライン授業を取り入れZoom会議もできるようになり、それを活用した専門職大学院も設置できました。

冒頭の「はじめに」では、たしなみのある高齢者が行うべき10か条の具体的な行動の目安を書きました。このように行動することで、自分でも楽しく、周囲の人に少しでも幸せになってもらうことができます。そして何度も繰り返しますが、高齢者も決して立派な完成した存在ではなく、まだまだ成長できる余地がいっぱいあることです。長く生きていることによって私たちは今まで知らなかったことを知る喜び、わからなかったことがわかる喜びを経験しています。この喜びは歳を重ねても尽きることはありません。10年前より、いや3年前より少しは成長したなと思えるのは嬉しいことです。個人としてまだまだ未熟な自分が少しでも成長し、できることが増える人間になるのは歳を重ねることの大きな喜びであり目的です。

それだけではありません。年を重ねると、自分のことで精いっぱい、あるいは自分の仕事や家族の世話に夢中で余裕がなかった若い時期に比べて、少し時間ができ視野が広がります。社会のいろんな課題、それぞれの悩みや辛さを抱えている人の存在にも目を向けることができるようになります。面倒であまり高い収入にならない仕事の重要性や、にもかかわらずそうした仕事でがんばっている人の苦労もわかるようになります。**少しでもそうした社会課題に関心を持ち、及ばずながらできることをする。自分のできることで困っている人に手を差し伸べるようにしたいものです。そして70代はそれができる年代です。権力や地位やお金はなくても若い人の良いところを見つけて褒めることで社会に少し影響を与えることができます。**

下流老人か中流老人か、を決めるのは資産ではありません。自分だけが楽しく過ごし、あとは野となれ山となれ、自分の責任ではないからどうなろうと関係ない、という考え方は下流老人の考え方です。自分の権利を主張するだけでなく、この社会を良くしよう、そのために何ができるかと考え無理のない範囲で行動するのが、中流老人です（社会を良くする力を持ち、自分のことは後回しにして課題解決に取り組むのが上流老人だと思いますがそういう人はほとんどいません。少しでも近づきましょう）。

私たち多くの高齢者は長くなった人生の後半期をお金や資産などのような有形資産を得ることにあくせくせず、無財でも社会貢献しようと心掛けたいものです。

今日が人生で一番若い日です。あきらめる、いじめる、いじける、遠慮する、のではなく、感動し、感謝し、行動し、機嫌よく過ごしていきましょう。それが結果として「プラチナエイジ」の80代をもたらします。一緒にプラチナエイジを生きていきましょう。

スペシャル対談

昭和女子大学総長
坂東眞理子さん

脚本家
内館牧子さん

70歳になって見えてきた人生で本当に大切なこと

70歳。自分のものさしで自分を肯定する

内館　２０１８年9月に70歳になりましたが、高校時代や大学時代には自分がまさか70になる日がくるなんて想像できませんでしたね。そりゃあ、元気に生きていれば70、80になるものですが、じゃあ、ＮＨＫ大河ドラマ（『毛利元就』）を書いていた50手前にどうだったかというと、やっぱり70は現実味のない遠い年齢でね。それがいざ古稀になってみると、なぜだかフッと「60代とは全然違う」と感じてしまったんです。前日まで69だった自分と70になった自分は何が変わったわけではないのに、私自身が「70はおばあさんね」と、年齢を意識してしまって（笑い）。

坂東さんは70歳を迎えられた時、いかがでしたか？

坂東　私は古稀を迎えた当時は、記事などで70歳と紹介されるたびに自分に「年寄り」のレッテルを貼られたように思い、気持ちが落ち込んでいました。でも2年ぐらい経つと「なってしまったものはしょうがないか」と気に留めなくなりました（笑い）。とはいえ、やっぱり女性にとって〝大台〟に乗る時はショックで嫌なものですよね。振り返れば30の大台に乗る時にも、「これで私の青春はおしまいだ！」なんて絶望して、落ち込んでいました。

内館　そうそう、30の大台も落ち込みました。私たちの時代は「女の子は2〜3年働いたら永久就職」という風潮で若いうちに結婚しなくちゃという焦りもあって、30代はもう若くないという意識が強かったんでしょうね。「あぁ、30になっちゃった。まだ20代と言えた29とは明らかに違うな」と思っていましたもの。

では70の大台はなぜショックなのかと考えると、65で前期高齢者と呼ばれるようになって、いよいよ高齢者に突入する意識が高まったように思います。70なんてすごく年寄りだと感じていたので、とうとう自分もその年齢になったという落胆もある。仕事にしろ、70の私の言うことに若い人は逆らいにくいでしょうし、自分も若い頃にはそうでしたから。

坂東　それはそうですね。70代といえば、内館さんのベストセラー小説『終わった人』のさらに先のステージで、「高齢者小説」第2弾の『すぐ死ぬんだから』の世代ですよね。

内館　どちらもタイトルだけ聞くと60代、70代はそんな世代なのかという衝撃がありますよね。『終わった人』にしても、編集者に告げたらのけぞってました（笑い）。

坂東　強烈ですものね。

内館　テレビの世界で鍛えられているとやっぱり、タイトルって大きいんです。かつてドラマで『都合のいい女』('93年)や『週末婚』('99年)の脚本を書きましたが、今をもって一般名詞として使われていて、ありがたいなと思います。

坂東　私も『70歳のたしなみ』の中で、「終わった人」を一般名詞として使わせていただきました。

内館　編集者もとても喜んでいました。実は今、『終わった人』『すぐ死ぬんだから』に続く3冊目の準備をしていて、自分に重ねて70歳の話にしようかと思っていたんです(『今度生まれたら』)。そんな折にちょうど新聞広告で坂東さんの『70歳のたしなみ』を見つけて買いました。私も同年代なので、納得できる部分がたくさんあって、面白かったです。

〝あぁ、これは坂東さんと同じ考えだ〟とつくづく感じたのが、『可愛いおばあちゃん願望は気持ち悪い』というところですね。

《若い女の子が可愛さを追求するのは男性にモテるためだとしても、高年齢の女性が可愛いおばあちゃんを願望するのはなぜだろう。誰に可愛いと思ってもらいたいのだろうか。（中略）女性は可愛がられるおばあちゃんになるのが幸せなんだと決めつけず、率直に疑問を呈し、自分の意見を言い、新しいことを面白がり、チャレンジする生き生きと魅力的なおばあちゃんを目指してほしい》（『70歳のたしなみ』より）

坂東 可愛いおばあちゃん願望の女性は、世の中に多いんですよ。

内館 私も女性誌を読んでいたら、中年女性が「夢は可愛いおばあちゃんになること」と語っていて、何か不快だった。だから同じような指摘を坂東さんの本で見つけて、我が意を得たり！　で。坂東さんは以前からそう感じていらしたの？

坂東　ええ。気持ち悪いですよ。可愛いおばあちゃんになりたい、尊敬される老人になりたい、というのは他人の好意や敬意を得たいと意識していること。人からよく思われたいというのは、自分の意志を貫くことを放棄した責任逃れじゃないかと。

人の目線で自分を推し量るというのは、女子学生を見ていても常々思うことなんです。『白雪姫』の〝鏡よ鏡〟じゃないけれど、私はいい人かしら、魅力的かしら、という基準がすべて他人の目や世間の標準に左右されてしまっているんですね。

内館　女子学生や若手の女子社員にとっては、言葉としては消えたけれど〝結婚適齢期〟とされる年齢層は対他者目線だと思います、やはり。

坂東　そうですね。ただ、その他者の目線を意識することが母親になっても、おばさんになってても、おばあさんになってもまだ変わらないというのは、とても残念です。他者目線に囚われて自分を否定するのではなく、自分自身のものさしを持って自分を肯定しなくちゃ。何かすると嫌われるかもしれない、何も言わない方が好かれるんじゃないかしらと守りに入るのではなく、ならば、どうすれば感じよく自分の考えを話せるか工夫すべきです。

内館　その通りで、若い頃と違って歳を取ったらもう他人の目から解放されていいですよね。ましてや70にもなってそんなこと気にしていられないわよ、って(笑い)。でもそれは老人の開き直りとは違うと思うんですよ。他人の反応をうかがって無駄に人生を狭めてしまうのではなく、自分が大切に思うことをどう実現できるかと考える。そしてそのために行動することも、自分を肯定することに繋がると思います。まぁこれは、私たちがこれまでの人生でさまざまな経験をして、70の大台を超えたから辿り着いた境地かもしれませんが。

坂東　確かに、昔の自分には決して言えなかったことですね（笑い）。

内館　実は私、60で大病をしたんです。それまでは風邪でも病院とは縁がなかったのに、心臓の弁が急に逆流して救急車で運ばれて13時間の大手術をしまして。意識がない間に臨死体験もして、目が覚めてすぐは何とも思わなかったけれども、しばらくすると心境が変わったんです。70あたりを過ぎるとおばあさん、おじいさんがよく〝生かされている〟と言うでしょう。あれが私は大嫌いだったんですけど、あの時ばかりはやっぱりね……。

坂東　そこまでの体験をされたら心境だって変化しますね。

内館　ええ。1回ああいう生死をさまよう体験をして、60や70になった

ら、〝もういつ死ぬかわからない世代なんだ〟ということはわかってい
た方がいいと身に染みました。

坂東　そうなると、生き方や考え方はガラリと変わるものですか？

内館　そうでもない（笑い）。人の命はわからないといっても、わずか
70で「生かされている」と抹香臭く考えて、控えめに慎ましく生きるこ
とはないと思うんです。そうではなく、悔いを残さないよう生きること
を考えるのがいいと。私の場合は病気をしてから、やるべきことに優先
順位をつけるようになりました。前だったら、「立て込んでいるし、こ
の人とごはんに行くのは来月でもいいかな」なんて先延ばしにしちゃっ
ていたところを「いや、仕事よりこの人とのごはんだわ」とか、「この
会合より、母との外出だわ」という具合に。

坂東　近著の『男の不作法』と『女の不作法』を2冊同時に出そうと持

ち込んだのは、内館さんご自身なんですってね。あとがきを読んでビックリしました。

内館　そうなんです、ぜひ書きたいと思って。テレビの脚本でも今まで持ち込んだことなんかなかったんですが、優先順位の上位だったんです。優先順位をつけると、やることが整理されて、したいことができるというのは幸せです。

坂東　私は大病をしていないし、まだ悟りが充分ではないかもしれないけれど、歳を取ると今日やらなくてもいいことは明日に延ばそうと、取捨選択するようになりました。

内館　そんなふうに、がんじがらめにもならなくなりますよね。

坂東　公務員の頃は周りが〝今日できることは今日のうちに〟と勤勉な人ばかりで怠け者の自分はなんてダメなんだろう、出来が悪いなと滅入っていましたけれど、そこから徐々に考え方を変えて、今はそれでまぁいいんだと。他と比較することはやめて、自分なりの優先順位で心地よく生きていますね。

70歳。人生は最後、みんな横一列になる

内館　年齢を重ねたことで、坂東さんがおっしゃるように若い頃にはできなかった考え方をできるようになったことはたくさんありますね。本を通じてそれを下の世代の人たちに伝えたかった、というのは大きいかもしれません。

坂東　若い頃には視界が占領されてとても大問題だと思い煩っていたこ

とが、全然大したことはなかったってことは本当に多い（笑い）。

内館　『終わった人』では定年で〝終わった人〟になった主人公が「俺は15の時になんであんなに頑張っていい学校へ行こうとしたのか」「なんであんなに必死でメガバンクへ就職しようとしたんだろうか」と人生を振り返る心境に共感したと、シニアの男性読者からたくさんお便りが届いたんです。でも中には感情移入できなかった、という男性もいらしてね。主人公は東大法学部からメガバンクへ就職して、あまりに自分と乖離しているというんです。

でもそこが実は計算で、東大を出たエリートであろうが、非エリートであろうが、60、65になるとみんな横一列になる。高校に進学しなかった中学の同級生も大学に進学しなかった高校の同級生もクラス会で顔を揃えれば、みんなただのおじさんです。それまで学歴や職歴で格差があったにせよ、第一線を退いて社会的に〝終わった人〟になって肩書から離れれば、大差はない。そのメッセージを込めて、主人公はあえてエリートにしたんです。

《社会における全盛期は短い。一瞬だ。／あの十五歳からの努力や鍛錬は、社会でこんな最後を迎えるためのものだったのか。こんな終わり方をするなら、南部高校も東大法学部も一流メガバンクも、別に必要なかった。／人は将来を知り得ないから、努力ができる。／一流大学に行こうが、どんなコースを歩もうが、人間の行きつくところに大差はない。しょせん、「残る桜も散る桜」なのだ》（『終わった人』より）

坂東　日本の社会では学歴や就職先が自分の価値だと錯覚してしまいがちですよね。エリートで恵まれていた人ほど、横一列を受け入れられない悲しさがあると思います。

内館　女性の容姿にしたって格差がなくなって、65歳を過ぎれば、みんな横一列でおばさんになる。あんなに美人だったクラスのマドンナが単なるデブのおばさんになっていて（笑い）、「何だ、今じゃあ、みんなと同じだ」なんてね。だけどそうやって65、70になればみんなが横一列で差がなくなるのだとわかって、若いうちから開き直って省エネで生きていくのはいちばんつまらない。

坂東　それは本当につまらないことですよ。どうせみんな横一列で同じになるんだから別に努力する必要はないわ、気張らずナチュラルに生きていいんだわ、という考えは捨てるべきです。人間は人生のその場その場で自分がやるべきことに全力投球することが、いくつになっても大事だと思うんです。人生はいつだって、今日という日がいちばん若いんですから。その心意気で全力投球してきた積み重ねがあることで「私もよくやってきた」と自分をいたわることができますし、そこから先の人生を生きる活力にもなりますから。

内館 50代から生き方をセーブして老後に備えて、じゃあその人は70で豊かになるかというと、保証はできない。私は54歳で大相撲を研究したくて、そのためには宗教学を学ぼうと東北大学の大学院へ入りました。当時54の私が東京と仙台の二重生活になるわけで、周りからは「そんなお金の使い方はやめて、老後に取っておいた方がいいわよ。50代から人生は下り坂で収縮していくんだから、今からお店を広げてどうするの?」って散々止められたんです。でも、「人生出たとこ勝負」というのが私の信条だからと踏み出しました。そうしたら大学院での生活は刺激的で、講義は息もつけない面白さで、充実した時間でした。

坂東 そうですよ。出たとこ勝負というのはつまり、今現在に全力投球ということですもの。だいたい、50代で終活を始めていたらもう20年たっていますよ、さすがに長すぎます（笑い）。私は公務員の職を退いた後に、57歳で昭和女子大学の教員になりました。もう人生は終わったかと悩みもしましたが、その時の挑戦があるから今の私があるわけです。

70歳。仕事ぐらい大切なことを見つける

内館　今、70まで働いてきて感じることは、仕事というのは人生の喜びであって、仕事の代わりになるものは果たしてあるんだろうかって。

坂東　私にとっても仕事は最大の喜びかつ生きている手応えで、公務員を退職しても何か仕事が来る人になりたいとずっと思っていました。

どんな仕事でも、ゼロになるよりは絶対何かあった方がいいと思う。時間もエネルギーもある高齢者は何百万人といるわけで、その活力を使わない手はないですよ。例えば、若い人は朝眠いだろうからコンビニの早朝シフトを早起きの高齢者世代が担うとか。その時、立ち続けるのがつらいなら座ってレジを打てばいい。そんなふうに世の中全体で、高齢者が働きやすい仕組みを考えて作っていかないといけないと思うんです。

内館　『終わった人』では最後に主人公が故郷の盛岡へ帰って、被災地から岩手に避難している人たちを支援するNPOを手伝うことにするんです。これは私の友人がしている仕事を参考にしていて、働けるシステムを自ら作り出したんです。

坂東　それはいいですね。誰かがお膳立てをしてくれるだろうという考えは捨てて、自分にできることは何だろうと考えてアクションを起こすことは素晴らしいです。一方で、人生100年時代を考えると、長い老後に仕事と同じくらい生き甲斐を感じられることを探す必要もあると思います。老後の時間を持て余しているというかたがいたら、内館さんのように大学で学ぶというのは〝終わった人〟にならないための1つのアイディアだと思います。

内館　大学で学ぶことはすごくお勧めです。勉強して試験に通れば達成感もありますし、私は57、58の時には今度は神道を学ぼうと國學院大學の科目履修生になったんです。大学や大学院に行こうと考えるとハードルが高くなるけれど、1年間の科目履修生ならば気軽に挑戦しやすくなる。坂東さんが理事長を務める昭和女子大学も、科目履修生を受け入れていらっしゃいますよね。

坂東　もちろんです。日常の世界と離れた〝アナザーワールド〟を持つことは、70代にも絶対に必要なことだと思います。未知のことに興味を持って自分のために学ぶことで新しいものが見えてきて、出会いが生まれて、これからの人生も面白くなっていきますよ。大切なのはまず一歩踏み出すこと。その場として、大学はとってもいいですよ。

70歳。「自分を赦す」と「他人を赦す」は違う

内館 先日70代半ばの女性とお会いしたら、口元を隠してしゃべるんです。どうしたのかと思ったら歯がない。ご本人も歯がないことは美しくないとわかっていて隠すけれど、つるつるしたものを食べれば歯がなくても不便がないそうで、そのまま。

坂東　これではいけないと頑張って歯を入れるのか、もう歳だから仕方がないわと言い訳をつけて改善することを諦めてしまうのか。各人の心意気の差が出ますね。

内館　そう、心意気なんです。だけど歯の治療は高くてやりたくないのか、あとはもう、〝どうせすぐ死ぬんだから〟の境地なんでしょうね。

坂東　どうせもう、70を過ぎて何を今さらじたばたしても、とね。だけど、無理をして頑張らずにありのままの自分を貫きましょうという発想は、単なる居直りだと思います。

内館　ありのまま、ナチュラル、を押し通すのは単なる「無精」です。すぐ死ぬんだからと、自分に手をかけずに外見を放りっぱなしにするのは自分自身を放棄すること＝セルフネグレクトなんですよね。それが行き着くところまで行くと、住居にまで気を使わなくなってゴミ屋敷になってしまうそう。ゴミを散らかして隙間に寝たって生活はできるわけだから、ありのままでいいという発想も危険なんです。

坂東 ラクがいちばんとばかりにリュックを背負って年中帽子をかぶっているようなお年寄りとは違って、70代後半でも服装や佇まいに磨きをかけていつまでも魅力的であろうと努力する、『すぐ死ぬんだから』の主人公のハナさんの心意気ですよ。あとは何より、エネルギーが大事なんじゃないかな。どんな年代であろうと面倒くさがらずに自分を美しく見せよう、振る舞おうとする心意気にはエネルギーが必要で、枯渇すると惰性に流れてしまうんでしょうね。

内館 最近は、「グレイヘア」が流行語大賞にノミネート（2018年）されるなど、すごく流行っていますが、皆さん、髪もお顔もつやつやに手入れをされています。でもリュックを背負っている中高年の少なからずはバサバサの白髪を帽子で隠している。それはグレイヘアとは呼べないし、普段着の〝ズボン〟でどこへでも出かけるのは違うだろうと感じます。もし総長の坂東さんの帽子の下が無精な白髪でお化粧や服装も構わなかったら、女子学生の保護者は嫌じゃないかしら。

坂東　そうかもしれませんね（笑い）。きちんと身だしなみを整えて自分を甘やかさない意識も、老人のたしなみです。自分を大切にすることは自分を甘やかすことではありませんよ。それは身だしなみだけでなく、会話も同じだと思います。もう年寄りなんだから何を言っても許されるだろうと、思ったことをズケズケ言うのは品性に欠けます。相手の心情を察し、どうすれば傷つけずに言うべきことを伝えるかという工夫も、年齢を重ねた大人のたしなみだと思うんです。だからこそ、高齢夫婦の円満の秘訣は『すぐ死ぬんだから』のハナさんの夫・岩造さんのように、それ以上踏み込むと取り返しがつかなくなりそうな気配を感じたらほどよく話をそらして、それでいてちゃんと楽しく、礼儀正しく対応することかなと思います。

内館　空気を読んで誠意を持って。

坂東　ハナさんにしても、息子の嫁の由美さんに対して腹の中では煮えくりかえっても、面と向かってはいいお姑さんらしい言葉を出す。やっぱりナチュラルに思ったことをそのままではなく、〃それを言っちゃおしまいよ〃ということをわかってオブラートに包んで話している。だからハナさんは立派だと思うんです。

内館　時には自分を下げても、相手を立てることができる。ほどよい距離感を保つために、カッコつけて踏み止まれるのが立派だと『70歳のたしなみ』にありました。「身近な人の成功を喜ぶ」ということが書いてありましたが、たとえ内心は面白くなくても（笑い）、カッコつけなくなると人間関係の境界線がどんどん崩れていく。

坂東　相手の立場を尊重することが面倒くさくもなりますね。われわれ世代は自分を叱咤激励してカッコつける意識を持ち続けることが、たしなみにも通じると思います。

内館　私は「人をゆるす」ということが老人の品格、70歳のたしなみじゃないかと思います。恩赦の赦でゆるす（赦す）。70から上の老人になったら、結局のところはある程度もう先が見えてきているし、例えば仲違いをして疎遠な人でも、いろんな経緯があって受け入れ難いということでも、70になると赦せるようになる気がしますよね。

坂東　まぁ、それはありますね。

内館　『すぐ死ぬんだから』でもハナが、同窓会で意地悪く批判してきた友人と再会して和解するシーンがあるんだけれど、読者の皆さんはあそこでホッとしたんですって。他人を赦すことで自分の心に引っかかっていた澱も流されて、残された人生も楽しくなるんじゃないかな。

坂東　他人を赦して受け入れる。

内館　ただ、自分を赦すとカッコつけなくもなって、相手と適切な距離感を保てない〝ナチュラル〟へ突き進んでしまうから、要注意ね（笑い）。

（うちだて・まきこ）　1948年生まれ。武蔵野美術大学卒業後、13年半のOL生活を経て'88年に脚本家としてデビュー。テレビドラマ脚本に『ひらり』『てやんでえッ!!』『毛利元就』など多数。著書に『女の不作法』『男の不作法』（いずれも幻冬舎新書）など多数。「高齢者小説」は現在、『終わった人』『すぐ死ぬんだから』『今度生まれたら』『老害の人』（いずれも講談社刊）まで発売されている。

（「女性セブン」2019年6月6日号掲載の対談を修正し再録しました　構成／渡部美也）

本書のプロフィール

本書は、二〇一九年四月に小学館より単行本として刊行された作品に加筆・修正し、書き下ろし原稿や対談などを新たに収録して文庫化したものです。

小学館文庫

70歳《さい》のたしなみ

著者　坂東眞理子《ばんどうまりこ》

二〇二三年五月七日　初版第一刷発行

発行人　川島雅史
発行所　株式会社 小学館
〒一〇一-八〇〇一
東京都千代田区一ツ橋二-三-一
電話　編集〇三-三二三〇-五五八五
　　　販売〇三-五二八一-三五五五
印刷所――大日本印刷株式会社

ISBN978-4-09-407255-6